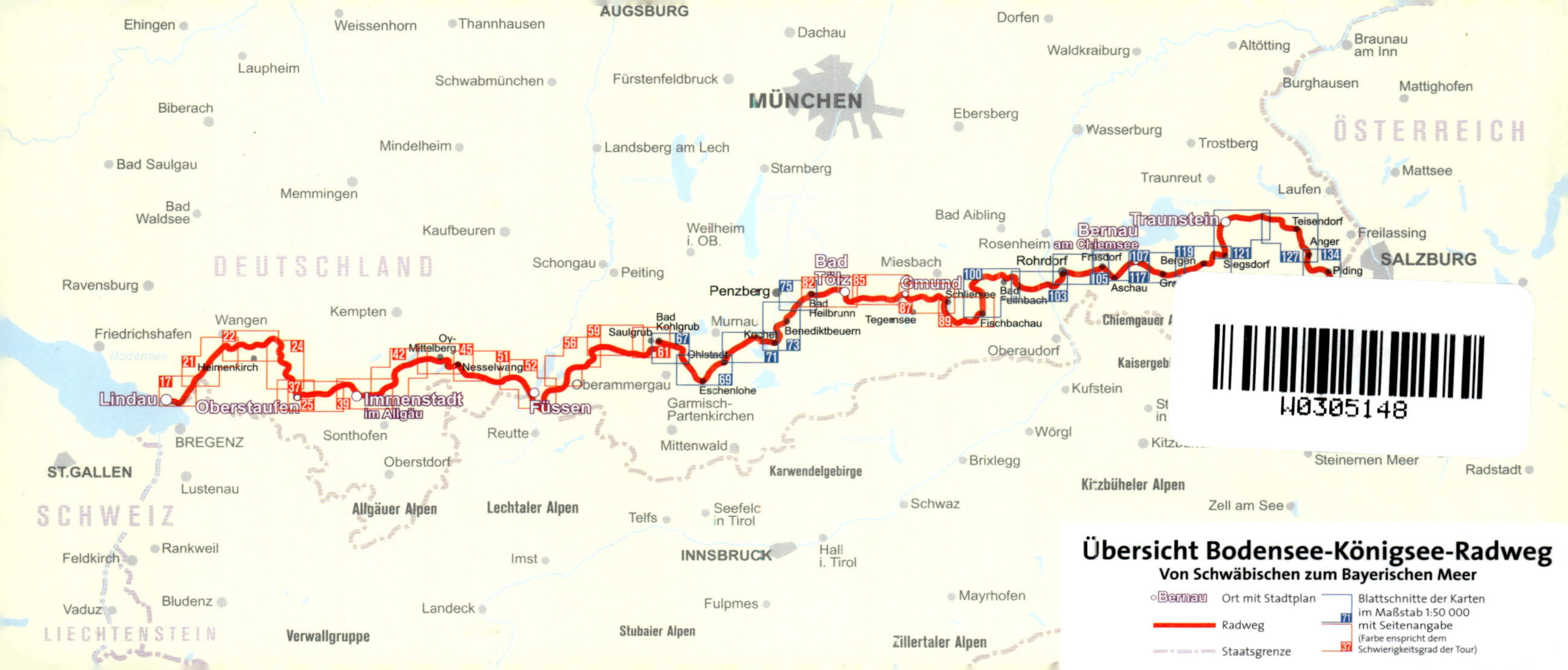

Übersicht Bodensee-Königsee-Radweg

Von Schwäbischen zum Bayerischen Meer

Inhalt

Bodensee-Königssee-Radweg: Vom Schwäbischen zum Bayerischen Meer

Kartenlegende siehe Seitenklappe und Umschlaginnenseite

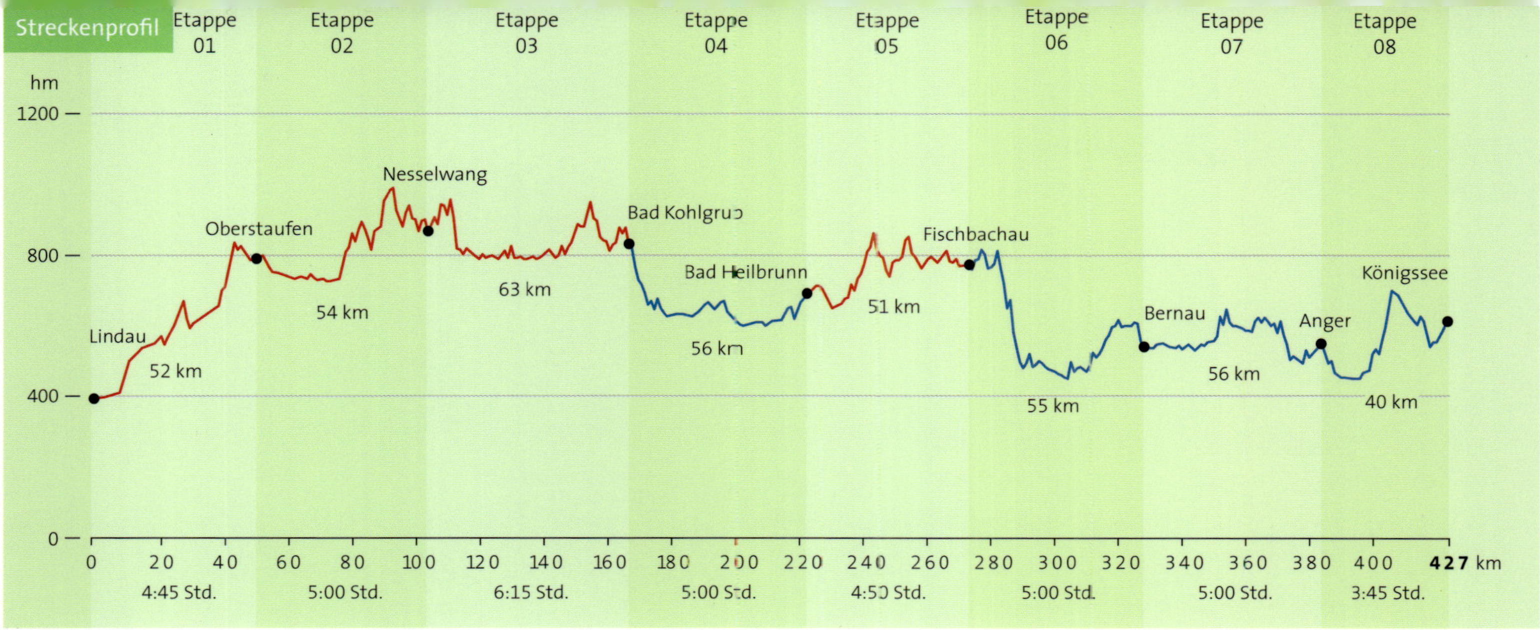
Streckenprofil
Etappe 01
Etappe 02
Etappe 03
Etappe 04
Etappe 05
Etappe 06
Etappe 07
Etappe 08
hm
1200
800
400
0
Nesselwang
Bad Kohlgrub
Oberstaufen
Fischbachau
Bad Heilbrunn
Königssee
63 km
54 km
51 km
Bernau
Anger
Lindau
56 km
52 km
56 km
55 km
40 km
0
20
40
60
80
100
120
140
160
180
200
220
240
260
280
300
320
340
360
380
400
427 km
4:45 Std.
5:00 Std.
6:15 Std.
5:00 Std.
4:50 Std.
5:00 Std.
5:00 Std.
3:45 Std.

ETAPPENÜBERSICHT

Etappe Seite

Etappe	Schwierigkeitsgrad	Fahrzeit (in Std.)	Länge (in km)	Höhenmeter Auffahrt	Höhenmeter Abfahrt	Parkplatz	Öffentliche Verkehrsmittel	Einkehr	Übernachtungsmöglichkeit	Kinderfreundlich	Rennradtauglich	Bademöglichkeit	Panoramatour	Kultur-Highlight	Autoren-Highlight
01	● (rot)	4:45	52	550	154	✓	✓	✓	✓	(✓)	✓	✓	✓	✓	✓
02	● (rot)	5:00	54	497	419	✓	✓	✓	✓	(✓)	(✓)	✓	✓	✓	–
03	● (rot)	6:15	63	540	589	✓	✓	✓	✓	–	–	✓	✓	✓	✓
04	● (blau)	5:00	56	236	370	✓	✓	✓	✓	✓	–	✓	✓	✓	✓
05	● (rot)	4:50	51	454	365	✓	✓	✓	✓	(✓)	–	✓	✓	✓	✓
06	● (blau)	5:00	55	419	652	✓	✓	✓	✓	✓	–	✓	✓	✓	✓
07	● (blau)	5:00	56	358	349	✓	✓	✓	✓	✓	–	✓	✓	✓	✓
08	● (blau)	3:45	40	359	298	✓	✓	✓	✓	✓	–	✓	✓	✓	✓
		39:35	427	3413	3196										

✓ Ja – Nein (✓) Bedingt

Vorwort

Genussradeln in abwechslungsreicher Landschaft zu Füßen der Alpen.

Der generell hervorragend markierte Bodensee-Königssee-Radweg ist trotz manch anstrengender Zwischenpassage ein bemerkenswert schöner, landschaftlich eindrucksvoller und insgesamt genussvoll zu befahrender Radweg. Für die anspruchsvolleren und steileren Streckenabschnitte im hügeligen Voralpengelände wird man immer wieder entschädigt durch wunderbare Ausblicke in die stets begleitende Gebirgslandschaft des Alpenhauptkamms.

Darüberhinaus stoßen wir häufig auf schmucke Dörfer und Städtchen, die mit ihren historischen Ortskernen zum Rasten und Besichtigen einladen.

Vom Bodensee durchradeln wir die hügelige Allgäuer Voralpenlandschaft, passieren die Murnauer Moorgebiete und die herrlichen, viel besuchten Urlaubsziele rund um den Kochelsee, den Schliersee und den Tegernsee.

Unterwegs treffen wir auf die weltberühmten bayerischen Königsschlösser Neuschwanstein und Hohenschwangau und auf urbayerische Städte wie Füssen oder Bad Tölz. Wir besuchen bekannte Klöster wie Benediktbeuern und traditionsreiche Heil- und Kurorte, wie Bad Heilbrunn, Bad Kohlgrub, Bad Feilnbach, die alle unseren Radweg säumen.

Im südlichen Chiemgau streifen wir den Chiemsee und nehmen dann über die alten Salzstädte Traunstein und Bad Reichenhall Kurs auf die Berchtesgadener Alpen und zu unserem Ziel, dem schön gelegenen, zwischen hohen Bergen eingebetteten Königssee.

Viel Spaß wünscht Ihnen

Walter Theil

geboren und groß geworden in Südbaden, lebt und arbeitet er inzwischen seit mehr als 25 Jahren im Chiemgauer Voralpenland und kennt die Landschaft zwischen Schwarzwald und Berchtesgaden von vielen Wander- und Radtouren.

Der aktive Bergsteiger und Radfahrer ist seit vielen Jahren im touristischen Verlagsbereich tätig und Autor mehrerer Wander- und Fahrradführer, u. a. die KOMPASS-Fahrradführer „Innradweg“ und „Rheinradweg: Vom Bodensee nach Mannheim“.

Walter Theil:
Meine persönlichen Highlights

Einladende Badeseen, sehenswerte Altstädte und viel wunderbare Natur.

Eine Auswahl von kulturellen und Natursehenswürdigkeiten kann auf dieser Radtour nur sehr exemplarisch vorgenommen werden, zu reichhaltig ist das Angebot dieser uralten Kulturlandschaft, deren Geschichte, Brauchtum und Tradition auf jedem Radelkilometer zu sehen ist.

Lindau Die schön renovierte Altstadt und das milde Klima am Bodensee bieten beste Voraussetzungen für die Auftaktetappe unserer Radtour. ▶ **Etappe 01, Seite 28**

Füssen Die höchstgelegene Stadt Bayerns ist ein touristisches Juwel, nicht nur wegen der Nähe der bayerischen Königsschlösser.
▶ **Etappe 03, Seite 62/63**

Benediktbeuern Die bekannte von Karl Martell gegründete und im 17. Jahrhundert im Barockstil gestaltete Klosteranlage ist ein vielbesuchter Ausflugsort. ▶ **Etappe 04, Seite 78/79**

Bad Tölz Wer auf den Spuren des „Bullen von Tölz" durch die mit Lüftlmalerei versehenen historischen Häuserfassaden der Marktstraße schlendert, kann urbayerische Luft schnuppern.
▶ **Etappe 05, Seite 96**

Neubeuern Das einstmals schönste Dorf Deutschlands bietet noch immer ein sehenswertes Ensemble hoch über dem Inn.
▶ **Etappe 06, Seite 112**

Höglwörth Die „Perle des Rupertiwinkls" ist ein idyllischer Ort; das Augustinerkloster gehört mit seiner Rokokokirche zu den schönsten Klosteranlagen im südöstlichen Bayern.
▶ **Etappe 07, Seite 131**

Bad Reichenhall Der als Alpenstadt des Jahres 2001 ausgezeichnete Ort kann auf eine reiche Tradition als Bergwerks- und Salzstadt zurückblicken. ▶ **Etappe 08, Seite 146**

Königssee Einer der saubersten Seen in Deutschland, malerisch eingebettet zwischen steilen Bergen, ist das Ziel unserer Radtour.
▶ **Etappe 08, Seite 147**

Beachten Sie die vom Autor empfohlenen und mit markierten Einkehrtipps

Kloster Höglwörth.

Das Gebiet

Grüne Wiesenlandschaften wechseln mit Moor- und Seengebieten ab – und im Hintergrund grüßen die hohen Berge.

Vom fast mediterran anmutenden „Schwäbischen Meer“ führt der Bodensee-Königssee-Radweg entlang des Alpenhauptkamms und der deutsch-österreichischen Grenze zu dem im Alpennationalpark liegenden Königssee am Fuße des Watzmanns.

Schmuckes Häuschen am Radweg.

Auf knapp über 420 km durchfahren wir im Süden Deutschlands die unterschiedlichsten Voralpenlandschaften. Entlang der Allgäuer, der Bayerischen und der Chiemgauer und Berchtesgadener Alpen lernen wir die bekanntesten und beliebtesten Urlaubs- und Erholungsgebiete zwischen Bodensee und Salzburg kennen: Das Ostallgäu, der Pfaffenwinkel, das Tölzer Land, das Seengebiet um Tegernsee und Schliersee und schließlich den südlichen Chiemgau bis zu den Berchtesgadener Bergen.

Auf unserer West-Ost-Fahrt überqueren wir auch die großen Flüsse im Südosten Deutschlands, die Iller, die Wertach, den Lech, die Ammer, die Isar, den Inn und die Saalach. Das hat natürlich auch zur Folge, dass das Profil der Radtour nicht wie bei einem Flussradführer relativ flach ist, sondern das Durchqueren der Flusstäler zu vielen Auf- und Abfahrten führt.

Im Süden von Murnau und südlich des Chiemsees werden auch umfangreiche Moorgebiete durchradelt, die einen wunderbaren Kontrast zur nahen Gebirgslandschaft bilden und uns mit einer Vielzahl traditionsreicher heilklimatischer (Moor-)Bäderorte bekannt machen.

Lohnenswerte Abstecher

- **Ruine Eisenberg**: ab Zell links der Beschilderung folgen (Etappe 03)
- **Wieskirche**: ab Verzweigung Königstraße zwischen Trauchgau und Altenau (Etappe 03)
- **Murnau / Murnauer Moos**: ab Grafenaschau (Etappe 04)
- **Freilichtmuseum Glentleiten**: vor Großweil über Kreutalm (Etappe 04)
- Rund um den **Schliersee**: ab Schliersee/Neuhaus (Etappe 05)

Zahlreich sind auch die einladenden Seen, von denen die meisten als Badeseen genützt werden können und so auch die etwas anstrengenderen Tourenpassagen abmildern und kinder- und familienfreundlich gestalten. Rauhenzeller See, Großer und Kleiner Alpsee, Rottachsee, Hopfensee, Forggensee, Kochelsee, Tegernsee, Schliersee: die Auswahl ist schier grenzenlos und auf jeder Etappe ist die Mitnahme von Badekleidung angebracht.

Radwege-Anschlussmöglichkeiten

Bodensee-Radweg (ab Lindau, Etappe 01)
Lechtal-Radweg (ab Füssen, Etappe 03)
Isarradweg (ab Bad Tölz, Etappe 05)
Innradweg (ab Kirchdorf, Etappe 06)
Chiemsee-Radrundweg (ab Bernau, Etappe 06/07)
Tauernradweg (ab Bad Reichenhall, Etappe 08)

Neben den Natursehenswürdigkeiten bietet der Bodensee-Königsseeradweg aber auch eine ganze Reihe kultureller Höhepunkte. Durch die strategisch günstige Lage an den großen Flüssen und die damit verbundene Bedeutung als Handelsplätze haben sich schon in mittelalterlicher Zeit Städte gebildet, deren ehemalige Größe noch heute vielfach zu bewundern und zu besichtigen ist.

Die Flößerei, der Salzhandel und die Heilkuraufenthalte von Fürsten und Königen brachten Reichtum und Ansehen und führten zu einer prachtvollen Bautätigkeit, deren teils gut erhaltene oder wieder renovierte Bauten und Denkmäler wir an vielen Orten genießen können.

Auch die starke religiöse Tradition zeigt sich in großartigen Kirchen- und Klosteranlagen: Benediktbeuern, Schlehdorf, Höglwörth und auch in Begrifflichkeiten wie Pfaffenwinkel, einem sehr deutlichen Hinweis auf die enorme Dichte an Kloster- und Wallfahrtskirchen.

Nicht zu vergessen ist natürlich die eindrucksvolle Schlösserwelt, vor allem rund um Füssen. Hohenschwangau und Neuschwanstein sind eindrucksvolle Beispiele der bayerischen Geschichte, aber auch viele weitere Schlösser und Burgen begleiten uns auf unserer Radtour, denn viele mächtigen Familien hatten hier im Süden ihre Stammsitze.

Die Wirkungsmächtigkeit dieser außergewöhnlichen und vielfältigen Landschaften zwischen Seen, Mooren und Gebirge lässt sich auch daran erkennen, dass Maler und bildende Künstler an vielen Orten und in vielen Winkeln hier ihre Motive und ihre Heimat fanden. „Malerwinkel", „Blaues Land" sind Begriffe, die die Anziehungskraft dieser Naturlandschaft auf Künstler verdeutlichen.

Am Schliersee.

Etappe 01 Lindau – Oberstaufen

Vom „bayerischen Meer“ hinauf ins hügelige Ostallgäu

52 km	4:45 Std.	550 hm	154 hm			GPS-Koordinaten / Start UTM Zone 32 x: 551.230 m y: 5.267.200 m

Startort: Lindau
Start: Lindau, Bahnhof, 396 m
Ziel: Oberstaufen, 792 m
Charakter: Aussichtsreiche Fahrt durch hügeliges Gelände mit etlichen spürbaren Aufstiegen und flotten Abfahrten; durchgehend asphaltierte Radwege und Nebenstraßen. Für KInder nur bedingt tauglich, eine gewisse Kondition ist erforderlich.
Verkehr: Die meisten Sträßchen sind relativ verkehrsarm, etwas unangenehm ist das steile radweglose Straßenstück nach Röthenbach, oft straßenbegleitende Radwege.

Tipp: Durch die Zugverbindung Lindau–Oberstaufen kann man diese Etappe auch gut als Tagesausflug unternehmen (evtl. mit Verlängerung zum Großen und Kleinen Alpsee und bis Immenstadt).

Ausflugsziele / Sehenswürdigkeiten & Einkehrtipps siehe S. 28–31

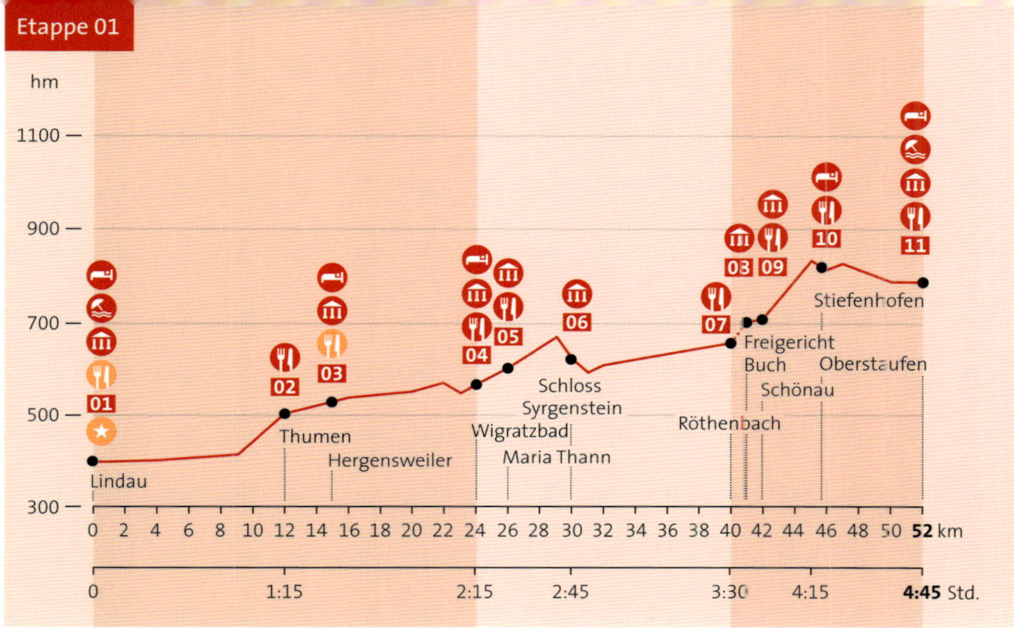

Lindau – Wigratzbad / 24 km / 2:15 Std.

Start Wir starten am Kopfbahnhof auf der Insel **Lindau** 01. Wir haben zwei Möglichkeiten um auf das Festland zu kommen, wo sich beide Wege am **Europaplatz** treffen: zum einen entlang der Eisenbahnbrücke und dann rechts am Aeschacher Ufer weiter oder vom Bahnhof auf dem Radweg entlang der Zwanzigerstraße zur Seebrücke vorfahren und von dort hinüber ans Festlandufer.

Die Seebrücke verbindet Lindau mit dem Festland.

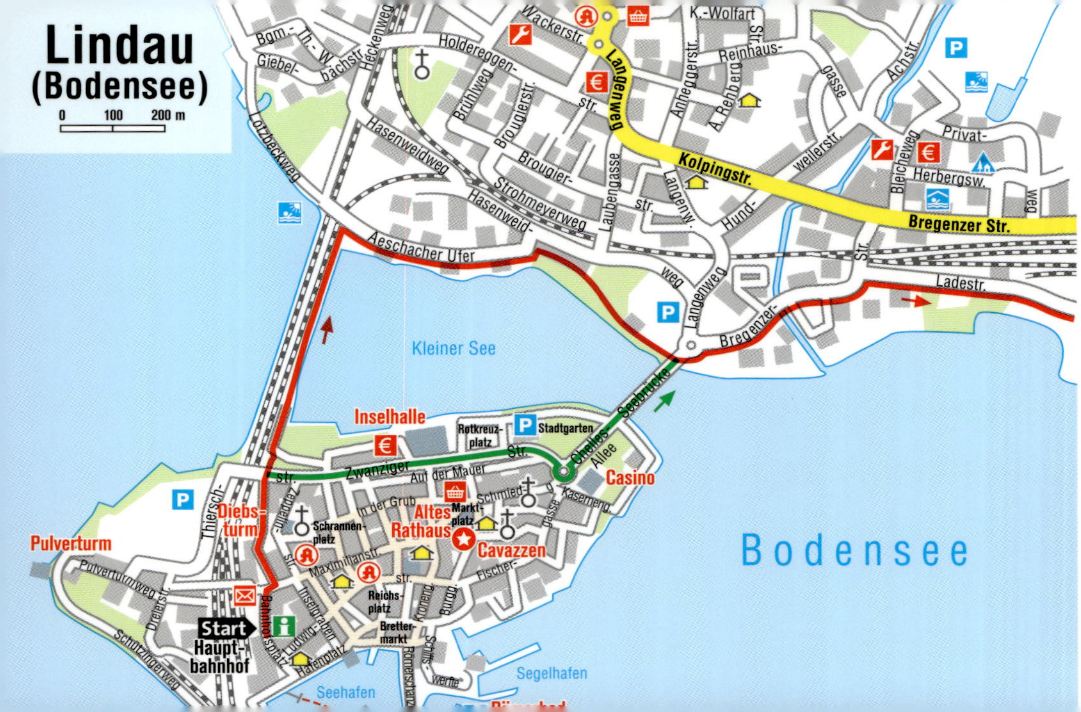

Hafenatmosphäre in Lindau.

Nach dem Europaplatz im Kreisverkehr rechts halten und rechts in die Bregenzer Straße auf den straßenbegleitenden Radwegstreifen. Vor den Bahngleisen biegen wir rechts in die Ladestraße, folgen dann der Eichwaldstraße ohne Radweg. Mit Blickkontakt zum See passieren wir das Schwimmbad und radeln auf einem abgetrennten Radstreifen Richtung **Zech**.

Nach Überqueren der Bahngleise stoßen wir auf die Bregenzer Straße, folgen ihr etwa 100 m nach links auf dem Radweg und biegen dann scharf rechts ab. An einem Sportplatz vorbei queren wir auf einem Radweg zunächst ein parkartiges Gelände, durchfahren dann ein Wohngebiet (Gerhart-Hauptmann-Straße) und gelangen leicht ansteigend über die Autobahn hinüber. Rechts unten ist der Zollübergang in die Schweiz zu sehen. Wenn wir auf die nächste Vorfahrtsstraße treffen, halten wir uns wieder zunächst links, es geht ein kurzes Stück hoch, aber kurz darauf biegen wir scharf rechts ab, radeln leicht abwärts (Hangnachweg). Der Weg geht in die Leiblachstraße über, wir treffen auf eine Verzweigung, rechts ist eine kleine Holzbrücke.

Wir durchfahren ein Streuobstgelände und der Weg steigt wieder spürbar an. Über freies Gelände in ständigem Auf und Ab erreichen wir den Sigmarszeller Ortsteil **Thumen** 02 und radeln rechts auf der Alten Landstraße weiter, auf einem zunächst schlecht asphaltierten und wieder ansteigenden Sträßchen an Häusern und am Waldrand entlang, bis wir auf die Straße nach Sigmarszell treffen, wo wir uns links halten und vorfahren bis zur Bundesstraße (B 308). Wir folgen dem parallel verlaufenden, leicht abwärts führenden asphaltierten Radweg. Kurz darauf ist die Abzweigung nach Hergensweiler und der B-K-Radweg nach links ausgeschildert und wir überqueren die Bundesstraße. Die ersten Meter steigen an, dann wird es flacher, um

Die enge Ortsdurchfahrt in Hergensweiler zwischen Kirche und Heimatmuseum.

Herrlicher Radweg in Richtung Hergatz.

kurz vor **Hergensweiler** 03 nochmals anzusteigen. Vorbei am Gasthaus Alte Post und am Gasthaus Sonne geht es zwischen Heimatmuseum (links) und Kirche (rechts) ziemlich eng durch den Ort: Vorsicht beim Durchfahren, hier passt nur ein Auto durch!

Wir bleiben auf der Dorfstraße geradeaus und verlassen den Ort zwischen den letzten Häusern hindurch. Vor Stockweiler steigt das schmale asphaltierte Sträßchen wieder an und wir folgen weiter dem verkehrsarmen Sträßchen über freies Gelände mit einer herrlichen Aussicht. In **Stockenweiler** am Gourmet-Restaurant Lanz vorbei, dann über die B 12 hinüber und rechtshaltend auf den straßenbegleitenden Radweg, auf dem wir dann auch die Eisenbahn überqueren und an den Gleisen entlang Richtung Hergatz radeln, auf einem sehr sehr schönen, schattigen und flachen Radweg zwischen Bäumen hindurch. Den Ort umfahren wir zunächst auf dem auf und ab führenden Höhenweg, bis wir auf die Bregenzer Straße treffen, scharf rechts abbiegen und nach **Hergatz** hineinfahren. Wir überqueren Bahn und Bundesstraße, folgen dem Radweg entlang der Leiblachstraße nach **Wigratzbad** bis links der Kapellenweg abzweigt, der uns ansteigend hoch zur **Gebetsstätte Wigratzbad** 04 bringt.

Gebetsstätte Wigratzbad.

Die große Sühnekirche der Gebetsstätte Wigratzbad.

Wigratzbad – Röthenbach / 16 km / 1:15 Std.

Nach der Pilgerstätte bleiben wir auf der immer wieder auf und ab führenden Straße, passieren Bleichen und biegen unmittelbar vor dem Sportplatz Wohmbrechts scharf rechts ab (An der Reuthenmühle). Wir fahren vor bis zur Kreu-

zung mit der L 17, halten uns rechts, unterqueren die hohe Eisenbahnbrücke und biegen gleich danach links ab – wieder leicht ansteigend – in den Ortsteil Muthen. Flacher werdend bringt uns die Straße nach **Maria Thann** 05. Vorbei an der Kirche verlassen wir auf dem Giebelweg den Ort. In ständigem leichten Auf und Ab passieren wir Lengatz und Edelitz, bis wir bei einer kleinen Andachtsstätte die Straße nach Syrgenstein erreichen. Leicht ansteigend, dann ab der Höhe in flotter Abfahrt hinunter, vorbei am fotogenen **Schloss Syrgenstein** 06, bis zur B12. Rechts auf dem straßenbegleitenden Radweg weiter, bis bei einem Haus der Radweg endet und wir einem schmalen asphaltierten Sträßchen nach rechts folgen, das bald links über freie Felder führt. Streckenweise an einem Bach entlang geht es in leichtem Auf und Ab am Gasthaus Malleichen vorbei und schließlich in einem großen Rechts-Linksbogen zu den Häusern von **Zwirkenberg**.

Etappe 01
Elitz
Elitzer See
Engelitz
Staudach
Kräutergarten
Reute
22
Herzmanns
Württemberg-Allgäu-Bahn
32
12
625
661
585
693
Wohmbrechts
Itzlings
Eglofs
Feriendorf
606
Schl. Syrgenstein
Syrgenstein
06
629
658
Maria-Tann
05
Lengatz
Harratried
24
Hergatz
563
Adelgunz
549
Bhf. Hergatz
20
570
Muthen
Burgstall
Adler
ehem. Burg Tannenfels
600
04
Wigratzbad
SwinGolf
603
Myweiler
Mapprechts
657
712
Wolfertshofen
621
557
Obernützenbrugg
578
Göritz
Opfenbach
Schaubrennerei
Zur Kappen
Meckatz
Adler
Berg
Allgäubahn
Heimenkirch
Zur frohen Aussicht
Gewerbegebiet Wigglis

Der B-K-Radweg leitet uns rechts ab, Richtung **Gestratz**. Die Straße nach Gestratz steigt an, allerdings haben wir hier die Möglichkeit zwischen zwei Varianten zu wählen:

1. Nach Gestratz hoch und dann über Thalendorf und Altensberg bis zur Straße nach Schönau, oder

2. auf dem Hauptweg bleiben und rechts abbiegen und über Unter- und Oberschmitten nach Röthenbach und dann weiter nach Schönau. Wir folgen dem schwach befahrenen flachen Asphaltsträßchen – hier sind immer wieder die Allgäuer Wasserwanderwege ausgeschildert – und erreichen **Röthenbach** **07**.

Röthenbach – Oberstaufen / 12 km / 1:15 Std.

Vorbei an Kirche und dem gegenüberliegenden Gasthof Post verlassen wir den Ort auf der

Schloss Syrgenstein.

Kemptener Straße, die in großen Kehren und recht steil auf die Höhe führt. Dieser ziemlich verkehrsreiche Abschnitt ist unangenehm zu fahren, da kein Radweg zur Verfügung steht. Man hat unterwegs einen schönen Überblick über Röthenbach und erreicht dann am Scheitelpunkt direkt nach einer Rechtskurve das **Freigericht Buch** 08, einen Felsen mit Sitzgelegenheit und Infotafel.

Blick über Röthenbach.

Auf flachem Radweg links der Lindauer Straße geht es nach **Schönau** 09 (von links trifft kurz nach dem Freigericht auch der Alternativweg von Hergatz ein). Beim Bushäuschen (gegenüber sind Schrottkunstwerke ausgestellt) zweigt der B-K-Radweg rechts ab und ist ausgeschildert nach Stiefenhofen. Zunächst geht es ordentlich hoch, dann durch einen Tunnel unter der Eisenbahn hindurch und wieder aufwärts (10 % Steigung!) zur kleinen **Kapelle** von Heim-

Steilstück bei der Heimhofer Kapelle.

hofen. Ab **Heimhofen** wieder flacher, aber bis Rutzhofen steigt der kurvenreiche Weg nochmals an. Sehr schöne Aussichtspunkte bieten sich hier immer wieder an.

Bergab bis zu einer Vorfahrtsstraße, der wir links folgen und vorbei an einer Sennerei erreichen wir **Stiefenhofen** 10. An der Hauptstraße folgen wir dann der Beschilderung nach Oberstaufen. Kurz abwärts, nach dem Gasthaus Rössle und seinem schönen Kräutergarten scharf rechts und dem Schild „Genhofen/Hopfen" folgen. Es geht am Ortsende links steil hoch und mit schönen Ausblicken wieder zunächst leicht, dann flott abwärts über offenes Gelände. In **Genhofen** stoßen wir auf die Vorfahrtsstraße, folgen links dem straßenbegleitenden Radweg und halten uns dann rechts, nun auf der Straße ohne Radweg. Über die Argenstraße erreichen

Bilderbuchlandschaft bei Oberstaufen. (Foto: Thomas Reitzel)

wir **Oberstaufen** 11. Am Hubertushof vorbei, biegen wir links in die Straße „In Pfalzen" ein, fahren unter einer Eisenbahnbrücke hindurch und biegen beim Hotel Concordia rechts ab. Über die Isnyer Straße hinweg gelangen wir auf der Bürgermeister-Hertlein-Straße zum Kreisverkehr und in die Kalzhofer Straße. Links führt der B-K-Radweg weiter, nach rechts erreichen wir in wenigen Minuten den Bahnhof **Ziel**.

Blick über Oberstaufen. (Foto: Helmut Schweiger)

AUSFLUGSZIELE / SEHENSWÜRDIGKEITEN & EINKEHRTIPPS

Lindau 01
Das historische Zentrum der ehem. Freien Reichsstadt liegt auf einer Insel im Bodensee, die durch einen Eisenbahndamm und eine Straßenbrücke mit dem Festland verbunden ist. Der 950 auf dem Festland gegründete Ort wurde während des Investiturstreits 1079 aus Sicherheitsgründen auf die Insel verlegt. Lindau besitzt ein sehenswertes und schön renoviertes mittelalterliches Stadtbild mit vielen historischen Bauten und Fachwerkhäusern.

Lindau, Hafen mit Mangturm.

Altes Rathaus 1422 im gotischen Stil erbaut, dann 1576 mit einem Treppengiebel im Renaissance-Stil umgebaut. Überdachte hölzerne Freitreppe an der Fassade zur Fußgängerzone, historisierende Malerei an der Südfront. Im gotischen Ratssaal fand der von Kaiser Maximilian I. einberufene Reichstag 1496/97 statt.

Hafen Die Hafeneinfahrt wird begrenzt vom neuen Leuchtturm (1865) auf der West- und vom 6 m hohen Bayerischen Löwen (1856) auf der Ostseite.

Mangturm Der fünfstöckige, 20 m hohe Turm war von 1180 bis 1300 in Betrieb und gehört zu den älteren Leuchttürmen am See. Der bunt glasierte Ziegelhelm stammt aus dem 19. Jh., bis dahin war der Turm auch nur über eine Zugbrücke zu erreichen.

Haus zum Cavazzen Das 1728/29 erbaute barocke Bürgerhaus präsentiert eine herrliche Fassadenmalerei unter einem großen Walmdach. Seit 1929 beher-

Lindau, Altes Rathaus.

bergt es das Lindauer Stadtmuseum mit interessanten Exponaten zu historischen Spielsachen und mechanischen Musikinstrumenten.

Münster Die heutige kath. Stadtpfarrkirche wurde zwischen 1748 und 1752 im barocken Stil erbaut und ist im Innern reich mit Fresken und Schnitzerein im Rokokostil ausgestattet.

Peterskirche Die auch Fischerkirche genannte älteste Kirche Lindaus (um 1000) enthält Fresken, die lange Zeit dem berühmten Hans Holbein d. Ä. zugeschrieben wurden (Schrannenplatz).

Restaurant Valentin Hervorragendes Essen in schönem Kellerambiente mit kleiner, aber feiner Karte. (In der Grub 28a, Tel. 98382-5043740)

Hergensweiler 03

Die mit nur 2 km Breite schmalste Gemeinde in ganz Bayern besitzt ein Heimatmuseum mit umfangreichen Exponaten zur religiösen Volkskunst. In der kath. Pfarrkirche St. Ambrosius ist ein Altar des Wessobrunners Franz Xaver Schmuzer zu besichtigen.

Gasthaus Alte Post Bietet deutsche und italienische Küche mit exzellenten Pizzas und besitzt einen wunderschönen Biergarten. (Dorfstr. 1?, Tel. 08388-9234730)

Wigratzbad 04

Ein Ortsteil der Gemeinde Opfenbach, der bekannt ist durch eine katholische Gebetsstätte mit Exerzititienhaus und Priesterseminar

Gebetsstätte Aus einer 1936 errichteten Lourdesgrotte und kleinen Kapelle entstand ein Wallfahrtszentrum, das jährlich bis zu 500.000 Pilger empfängt, mit Restaurant, Pilgerladen und 200 Übernachtungsmöglichkeiten. Die 1976 vom Architekten Gottfried Böhm eingeweihte große Sühnekirche ist in roter Stahlarchitektur erbaut und bietet für 1.200 Gläubige Sitzplätze. (Kirchstr. 18, Tel. 08385-92070)

Maria Thann 05

Ortsteil der Gemeinde Hergatz. Die mit einem grünen Zwiebelturm versehene Marienkirche ist eine der ältesten Wallfahrtskirchen des Allgäus.

Freigericht Buch.

Schloss Syrgenstein 06
Die einzige erhaltene Schlossburg im Landkreis Lindau, erbaut in den Jahren 1480–90. Das in Privatbesitz stehende und bewohnte Gebäude ist nicht zu besichtigen.

Freigericht Buch 08
Oberhalb von Röthenbach ist links von der Straße ein Felsklotz mit Sitzgelegenheit anzutreffen, der durch eine Infotafel als Freigericht Buch klassifiziert ist.

Schönau 09
Ortsteil von Grünenbach. Bei der Abzweigung nach Heimhofen sind Schrottfiguren der Künstlerin Sieglinde Knestel im Freien zu besichtigen (www.schrottix.de).

Oberstaufen 11
Bereits 868 erstmals erwähnt; wurde 1969 als Heilklimatischer Kurort anerkannt und besitzt seit 1991 die höchste Kurortklassifikation (Schroth-Kurort). Sommer- und Wintersportgebiet mit einem Großangebot an Sesselbahn-, Gondel- und Liftanlagen.

St. Peter und Paul Die kath. Pfarrkirche, nach einem Brand des Vorgängerbaus zwischen 1859 und 1863 neu erbaut, weist interessante Skulpturen und Deckenmalereien auf.

St. Bartholomäus Die gotische Kapelle stammt aus dem dem Jahr 1440, besitzt drei gotische Altäre und Originalfresken aus dem 15. Jh.

Kunst am Wege, Schrottskulpturen in Schönau.

„Strumpfarhaus“ Das aus dem Jahr 1788 stammende Haus eines ehem. Strumpfwirkers ist im Originalzustand erhalten und wird heute als Heimatmuseum genutzt. Es zeigt die ganze Vielfalt des landwirtschaftlichen Gewerbes von der Käseherstellung, über die Küferwerkstatt bis zur Schnapsbrennerei. (Jugetweg 10, Tel. 08386-1300

Bauernhofmuseum S'Huimatle“ Das 1979 eröffnete Museum befindet sich in einem 300 Jahre alten Bauernhaus und bietet Einblick in das bäuerliche Leben unserer Vorfahren im 17. Jh. (Knechtenhofen 7, Tel. 08325-9760)

Aquaria Das Erlebnisbad Aquaria ist mit 1000 m² Wasserlandschaft und einer 100-m-Rutsche eines der schönsten und attraktivsten Erlebnisbäder in Bayern. (Alpenstr. 5, Tel. 08386-93130)

Staufner Viehscheid Der alljährlich, meist in der zweiten Septemberwoche stattfindende Almabtrieb der Kühe ist eine der bekanntesten Allgäuer Brauchtumsveranstaltungen.

Tourismusinformation siehe ab S. 150
Übernachtungsverzeichnis siehe ab S. 153

Viehabtrieb in Oberstaufen. (Foto: Sven Olev Mueller)

Etappe 02 Oberstaufen – Immenstadt – Nesselwang

Die „Königsetappe" bringt uns in 1000 Meter Höhe

54 km	5:00 Std.	497 hm	419 hm			GPS-Koordinaten / Start UTM x: 577.130 m Zone 32 y: 5.267.200 m

Startort: Oberstaufen
Start: Oberstaufen, Bahnhof, 792 m
Ziel: Nesselwang, 870 m
Charakter: Ab Immenstadt recht hügelig, dafür sehr aussichtsreich bis knapp 1000 m hoch, dem höchsten Punkt der gesamten Etappe, für trainierte, größere Kinder geeignet.
Verkehr: Straßenbegleitende Radwege und Nebensträßchen, kurzes gekiestes Stück nach Immenstadt am Rauhenzeller See entlang, daher für Rennräder mit Einschränkungen.

Tipp: Bademöglichkeiten im Großen und Kleinen Alpsee und im höher gelegenen Rottachsee an zwei ausgewiesenen Freizeitanlagen (Moosbach / Petersthal).

Ausflugsziele / Sehenswürdigkeiten & Einkehrtipps siehe S. 46/47

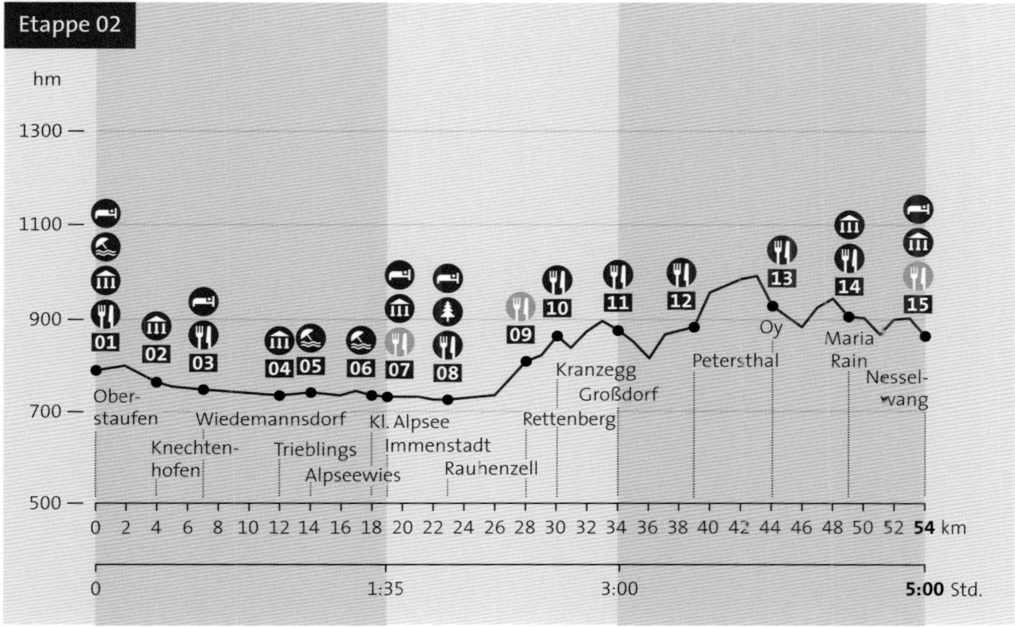

Oberstaufen – Immenstadt / 19 km / 1:35 Std.

Start Wir starten am Bahnhof in **Oberstaufen** **01** und radeln über den Jugetweg in die Kalzhofer Straße. Bei der Verzweigung mit der Bürgermeister-Hertlein-Straße erreichen wir den Anschluss an den B-K-Radweg und folgen diesem auf der linken Straßenseite. Am Sportgelände erreichen wir eine Vorfahrtsstraße und schwenken mit dem Radschild rechts ab in die Klosterstraße, an der rechts ein asphaltierter Radweg entlangführt. Es geht flott abwärts, aber Vorsicht: vor Wengen auf die Immenstädter Straße achten, die von rechts einbiegt und die wir mit dem Radweg überqueren müssen (Autoverkehr). In Höhe der **Miniwelt-Eisenbahn** überqueren wir die Straße, der Radweg verläuft nun links weiter. Nach dem Eisenbahnmuseum unterqueren wir durch einen Tunnel eine Brücke, über die die Eisenbahn führt und biegen anschließend sofort links ab in die

Salzstraße, folgen der Ausschilderung „Bergbauernmuseum". In **Knechtenhofen** 02, dem nächsten Ort, können wir direkt neben der Straße ein historisches Bauernhaus besichtigen.

Wir folgen der alten Ortsverbindungsstraße, durchfahren **Salmas** und **Lamprechts** (links ein großes Holzschindelzentrum, rechts ein Bikeshop) und erreichen **Wiedemannsdorf** 03.

Miniwelt-Eisenbahn am Radweg kurz nach Oberstaufen.

Rechts begleitet uns die sichtbare Bundesstraße, links die Bahngleise. Nach dem Gasthaus Zur Post überqueren wir die Gleise, radeln durch Häuser und überqueren erneut die Bahngleise. Nach 50 m links über eine Brücke in den Moosweg. Das geteerte Sträßchen führt über freies Feld, überquert bei einem Einzelhof wieder die Bahn, biegt vor dem Hof rechts ab und verläuft parallel zu den Gleisen. An kleinen Wasserfällen vorbei stoßen wir wieder auf Gebäude, die

Gegenverkehr Richtung Alpsee.

Der Große Alpsee, ein beliebtes Ziel für Wassersportler.

Die Kapelle von Trieblings lädt direkt am Weg zur Rast ein.

Straße macht einen Rechtsbogen und führt zu den Gleisen vor. Wir biegen aber vor den Gleisen links ab, und fahren über eine kleine Holzbrücke auf einen schmalen und anfangs schlecht asphaltierten Radweg – für Rennräder kaum geeignet, da teils mit Kies bestreut. Es folgt eine weitere, überdachte Holzbrücke und der jetzt breitere und besser asphaltierte Weg führt wieder entlang der Bahngleise. Rechter Hand taucht der Alpsee auf.

Vorbei an der Kapelle **Trieblings** 04 bieten sich herrliche Ausblicke auf den Alpsee und die dahinter liegenden Allgäuer Berge. Am Seeufer entlang, mit leichtem Auf und Ab passieren wir **Alpseewies** 05 (hier gibt es einen Übergang über die Bahngleise zum See hinab) und **Hub** und stoßen auf die Vorfahrtsstraße nach Immenstadt. Durch einen Tunnel unterqueren wir die Straße und folgen dem Radweg nach rechts. Kurz darauf haben wir bei einer Straßenunterführung die Möglichkeit zu einem Abstecher an den **Kleinen Alpsee** 06.

Wir fahren auf der St 2006, der Missener Straße, weiter leicht bergab bis zum Kreisverkehr, dort biegen wir links in die Montfortstraße ein. Kurz darauf ist nach rechts die Abzweigung zum Bahnhof in **Immenstadt** 07 ausgeschildert. Nach links biegt hier aber der B-K-Radweg in einen kleinen Weg ab, der zu einer überdachten Holzbrücke führt. Auf einem Kiesweg passieren wir einen Parkplatz und radeln am Waldrand entlang. Der Radweg geht in die Straße „An der Ach“ über, rechts fließt der Bach. Auf einem gepflasterten Weg, dem Mühlhaldenweg, erreichen wir das **Museum Hofmühle**.

Immenstadt, Hofgarten.

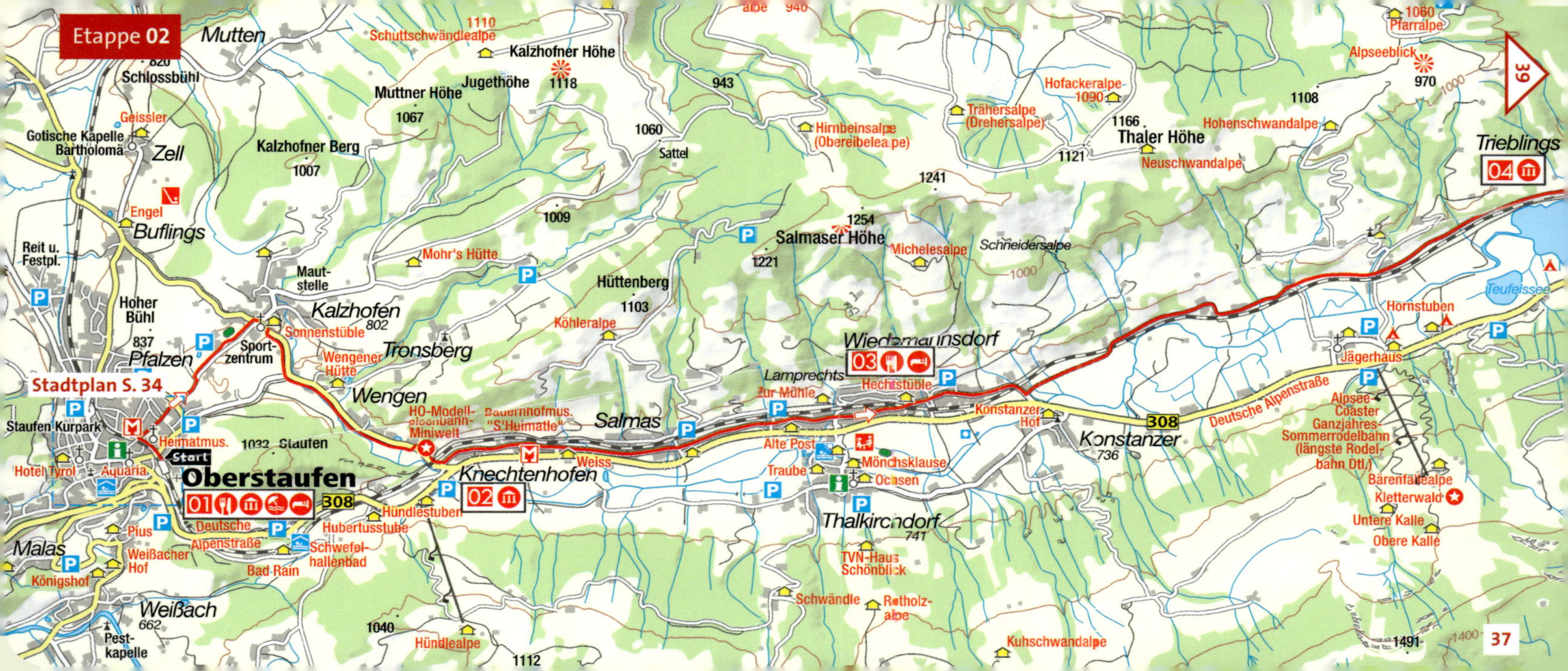
Etappe 02
Mutten
820
Schlossbühl
Schuttschwändlealpe
1110
Kalzhofner Höhe
1118
Jugethöhe
Muttner Höhe
1067
943
Geissler
Gotische Kapelle Bartholomä
Zell
Kalzhofner Berg
1007
1060
Sattel
Hirnbeinsalpe (Obereibelealpe)
Trähersalpe (Drehersalpe)
Hofackeralpe
1090
1166
1121
Thaler Höhe
Neuschwandalpe
Hohenschwandalpe
1108
Alpseeblick
970
1060
Pfarralpe
39
Trieblings
04
1241
Engel
Buflings
1009
1254
Salmaser Höhe
1221
Michelesalpe
Schneidersalpe
1000
Reit u. Festpl.
Mohr's Hütte
Maut-stelle
Hüttenberg
1103
Hoher Bühl
837
Kalzhofen
802
Sonnenstüble
Köhleralpe
Pfalzen
Sport-zentrum
Wengener Hütte
Tronsberg
Wiedemannsdorf
03
Teufelssee
Hornstuben
Jägerhaus
Stadtplan S. 34
Wengen
Lamprechts
Zur Mühle
Hechtstüble
Staufen Kurpark
HO-Modell-eisenbahn-Miniwelt
Bauernhofmus. "S'Huimatle"
Salmas
Konstanzer Hof
308
Deutsche Alpenstraße
Alpsee-Coaster Ganzjahres-Sommerrodelbahn (längste Rodelbahn Dtl.)
Heimatmus.
1032
Staufen
Start
Alte Post
Konstanzer
736
Hotel Tyrol
Aquaria
Weiss
Knechtenhofen
Mönchsklause
Oberstaufen
01
02
Traube
Ochsen
Bärenfallealpe
Kletterwald
Hündlestuben
Thalkirchdorf
741
Untere Kalle
Obere Kalle
Deutsche Alpenstraße
Pius
Hubertusstube
Schwefel-hallenbad
Malas
Weißacher Hof
Königshof
Bad Rain
TVN-Haus Schönblick
Schwändle
Rotholz-alpe
Weißach
662
Pest-kapelle
1040
Hündlealpe
1112
Kuhschwandalpe
1491
1400

Immenstadt – Großdorf / 15 km / 1:25 Std.

Über eine Brücke und auf der Straße nach links weiter am Bach entlang (Spitalstraße). Wir stoßen auf eine vielbefahrene Vorfahrtsstraße, überqueren diese bei einer Ampel und folgen sofort dem Radschild nach rechts, das uns auf einen schmalen Asphaltweg leitet. In einem großen Linksbogen umfahren wir die Volks- und Hauptschule, hinter der Schule bei einer Kreuzung links und dann Richtung Rettenberg. Wenig später durch eine Unterführung und rechts weiter, an Schul- und Sportgelände vorbei, wo der Weg gekiest weiter geht.

Wir stoßen auf eine lange Brücke, vor der nach rechts der Iller-Radweg abzweigt, wir fahren über die Brücke hinüber und danach auf dem Kiesweg weiter geradeaus, bis kurz darauf der Weg nach links nach **Rauhenzell / Rauhenzeller See** 08 abweicht.

Rauhenzeller See, ein herrlicher ruhiger Flecken.

Siedelalpe
1024
900
Hirsch
St.Leonhard
ZAUMBERG
834
05
37
Schönsreuthealpe
Trieblings
04
Alpseewies
Kiosk
Hauserbad
Großer Alpsee
(702)
BÜHL
See
Säge
738
Maria Loreto
Rieder
Kiosk
Teufelssee
HUB
06
Kl. Alpsee
308
Wasserfall
Hochbergalpe
1023
Gschwender Bergalpe
1075
Starketsgundalpe
Kunertwerke
IMMENSTADT i. Allgäu
728
07
Immenstädter Horn
Kanzel
1489
Ingolstädter Hütte NFH
1450
Gschwender Horn
Kesselalpe
Am Hörnl
Hölzerne Kapelle
Untere Wildengundalpe
1095
846
Bräunlings
718
OBEREINHARZ
779
UNTEREINHARZ
835
STEIN
720
Steinmühle
Ruine Hugofels
Ruine Rothenfels
757
Dachseck
Unterzollbrücke
308
Ölbergkapelle
Kreiskrankenhaus
Stadtschloss
Hofmühle
St.Nikolaus
Hörmannsh.
Fabrik
Stadtplan S. 41
Neumummen
Mittelstation
Schwanden
791
GIESSEN
St.Mauritius
Ruine Laubenberg-Stein
766
Rauhenzeller Seen
Freizeitzentrum
Auwald-Sportzentrum
St.Otmar
RAUHENZELL
08
Schloss Rauhenzell
19
Iller
Wasserskilift Allgäu
Leprosenkap.
St. Florian
Altmummen
790
Tanne
Hofen
Deutsche Alpenstr.
308
Freidorf
Sennerei
St.Ursula
Untermaiselstein
720
Greggenhofen
781
Ruine Rauhlaubenberg
Gletscherschliff
Pavillon
806
Rettenberg
09
St.Stephan
Familien
43
Altach
Wagneritz
vermutl. Verlauf des Knüppeldammes (Bronzezeit)
St.Agatha
Agathazell
Häuser
Agathazeller Moos

„Bierstadt" Rettenberg

Ein sehr schöner flacher Kiesweg führt mit etlichen Aussichts- und Rastbänken direkt am See entlang. Am Ende des Sees rechts halten und dem Radschild nach Rauhenzell folgen. Ab hier ist der Weg wieder asphaltiert. Nach einer Links-Rechts-Kurve auf dem Weidachweg geht es leicht bergab zur Rettenbergstraße, der wir nach links folgen. Nun leicht ansteigend überqueren wir die Autobahn und radeln sofort nach rechts bergab. Bei der flotten Abfahrt die beschilderte Abzweigung nach rechts durch eine Unterführung nicht verpassen, die uns unter der St 2006 auf die andere Straßenseite und einen Radweg bringt! Beim folgenden Kreisverkehr die zweite Ausfahrt nehmen und auf dem Radweg rechts neben der Burgberger Straße Richtung Rettenberg. Der Weg steigt zum Schluss recht ordentlich an, die gut sichtbare Kirche gibt die Richtung vor. Am Ortsanfang endet der Radweg. Der Bierort **Rettenberg** 09 wartet mit einigen schönen Brauereigasthöfen und Biergärten auf. Oberhalb des Ortes passieren wir die Zöttler-Bierbrauerei; hier bieten sich schöne Ausblicke. Wir folgen weiter dem Radweg in leichtem Auf und Ab und erreichen **Kranzegg** 10. Vor der Kirche halten wir uns links und folgen der Vorderburger Straße Richtung Kempten.

Die schön gelegene St.-Nikolaus-Kirche in Emmereis.

Bis Engelpolz steigt der Weg wieder an, nach dem kleinen Ort nochmals spürbar, bis wir **Emmereis** mit der schön gelegenen St.-Nikolaus-Kirche erreichen. Nach dem Ort zunächst nochmals ansteigend, dann flacher werdend und schließlich in flotter Fahrt hinunter nach **Vorderburg**. Bei der schönen Abfahrt auf der Großdorfer Straße die beschilderte Abzweigung links in die Anthauser Straße nicht verpassen.

Rottachsee.

Nach dem Ortsende von **Großdorf** 11 stoßen wir wieder auf die relativ schwach befahrene Hauptstraße.

Großdorf – Nesselwang / 20 km / 2:00 Std.

Wieder bergab und mit Schwung über die nächste Kuppe gelangen wir schließlich zu einer Radwegverzweigung. Der B-K-Radweg biegt rechts ab Richtung Petersthal, steigt anfangs ordentlich an, wir passieren die Abzweigung links zur Freizeitanlage Moosbach und radeln weiter bis zur Kuppe mit schönem Blick über den **Rottachsee**.

Hier bieten sich zwei Möglichkeiten an:

1. Man fährt auf dem Naturweg direkt am Ufer entlang, oder

2. man bleibt auf der Straße und radelt – wieder stärker ansteigend – Richtung **Petersthal** 12 weiter.

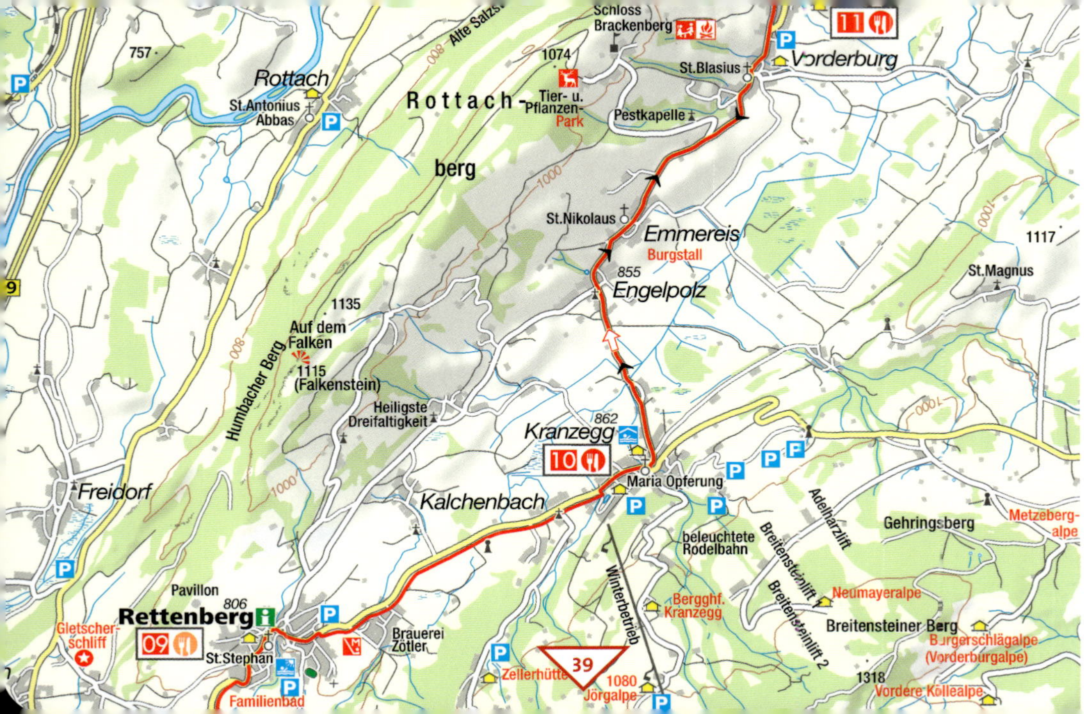

Durch den Ort hindurch und in Auf und Ab nach **Memersch**, wobei die letzten Meter wieder ordentlich steil und anstrengend sind. Kurz vor dem nächsten Ort **Haag** passieren wir links von der Straße ein großen Kreuz. Die Straße steigt weiterhin an und wir erreichen in Haag den höchsten Punkt unserer Tour mit knapp 1000 m, hier bieten sich schöne Ausblicke in die Berge und auf den See.

Blick von Haag, dem höchsten Punkt unserer gesamten Radtour, über den Rottachsee.

Kurz nach Haag sieht man links unten die große Autobahnbrücke, die das Tal überspannt und etwas rechts davon den Schwarzenberger Weiher. Es geht nun abwärts und mit dem Abfahrtsschwung schaffen wir auch die kleinen Gegenanstiege problemlos. Immer wieder sieht man fantastische Bergpanoramen.

Nach flotter Abfahrt erreichen wir **Oy-Mittelberg** 13, fahren bis zur Vorfahrtsstraße, links die Kirche), überqueren sie und radeln geradeaus weiter (2012 Umweg wegen Straßenbauarbeiten über die Alte Schulstraße). In jedem Falle biegt man mit dem Radschild in die Maria-Rainer-Straße ein und radelt am Rathaus vorbei schön bergab. Wir unterqueren die Bundesstraße, anschließend steigt das Asphaltsträßchen wieder an, und wir radeln weiter über freies Feld. Stetig ansteigend erreichen wir **Guggemoos**. In flotter Abfahrt geht es hinunter durch **Maria Rain** 14. Vorbei an der Wallfahrtskirche beginnt hier links neben der Bachtelstraße ein Radweg. Dieser endet kurz bevor wir auf die B 309 treffen. Wegen Bauarbeiten war der Weg unter der Wertachbrücke hindurch gesperrt und wir folgen der etwas ungünstig ausgeschilderten Umfahrung. Zunächst rechts ein Stück der Straße entlang und dann bei der nächsten Abfahrtsmöglichlichkeit links abbiegen, Richtung Grüntensee. Der Weg führt leicht bergab und wir stoßen wieder auf den Originalweg, der von links einmündet. Nun rechts und die Bahngleise überqueren in den Ortsteil **Dohle**. Über eine sehr schöne, steinerne Römerbrücke, die so schmal ist, dass nur jeweils ein Fahrzeug fahren kann, radeln wir über die Wertach. Anschließend steigt der meist durch schattigen Wald führende Weg bis **Gschwend** wieder an. Nach Gschwend verläuft rechts neben der Straße wieder ein asphaltierter Radweg, der schöne Aussichten bietet und über freies Feld führt. Die nächste Vorfahrtsstraße überqueren wir und radeln auf der Römerstraße durch Häuser flott bergab nach **Nesselwang** 15. Nach der nächsten Vorfahrtsstraße kurz rechts, dann biegen wir links in einen schmalen Weg (Am Geißlerbach) ein, der parallel zu einem Wasserkanal verläuft. Nach einem scharfen Rechtsbogen links in die Von-Lingg-Straße, wo sofort rechts der B-K-Radweg in die Lindenstraße leitet. Geradeaus geht es über die Bahnhofstraße rechts haltend zum Bahnhof **Ziel**.

Nesselwang.

Etappe 02
Oy-Mittelberg
Rottachsee
Wasserwacht
Haag
Bruder-Klaus-Kapelle
Mariengrotte mit Kreuzweg
Freizeit-anlage
Pest-friedhof
Petersthal
872
12
Löwen
Memersch
Ruine Tobelweg
Burgkranzegg
1150
Burgkranzegger Horn
Hochgebirgsklinik Mittelberg
1099
Rose
Mittelberg
Oy
13
Kurhaus
Pestfriedhof
Kressen
Oy-Mittelberg
Pottach
309
310
Faistenoy
"Mühlbach"/Faistenoyerbach
Haslach
Wertach-Haslach
Camping Wertacher Hof
Dohle
Römer-brücke
Gschwend
Maria-Rain
Guggemoos
Maria Rain
14
Almcafe Schnackenhöhe
Bachtel
927
Stiche Weiher
137
Oy-Mittelberg
7
E532
959
Nesselwang
138
Lachen
Nieder-höfen
Löwen
Alpspitz-Bade-Center
Ziel
Nesselwang
867
15
Heimathaus
921
Lift-stüble
Sonnenbichl
Bayer-stetten
943
Sommer-rodelbahn
Fuchsbühl
Feriendorf Feichenbach
Wildbach-Alm
Kletterwald Grüntensee
Grüntensee
Eberlesbach
Kolpingheim
Elleghöhe
1136
Alpenblick
Elleghöhe
42
Vank

AUSFLUGSZIELE / SEHENSWÜRDIGKEITEN & EINKEHRTIPPS

Knechtenhofen 02
1975 kaufte der Heimatverein Thalkirchen ein bäuerliches Anwesen aus dem 17. Jh. und restaurierte das Gebäude, so dass 1979 ein lokalgeschichtliches Museum eröffnet werden konnte. Küche, Stube, Schlafzimmer und Käskeller geben Einblicke in das bäuerliche Leben des 19. Jhs. (Knechtenhofen 7, Tel. 08325-9510)

Immenstadt 07
Das im Jahre 1360 zur Stadt erhobene Immenstadt liegt in der Alpsee-Grünten-Region und ist durch seine Alpenrandlage und die Nähe zu Großem und Kleinem Alpsee ein beliebtes Ferienziel.

Sehenswerte Gebäude sind vor allem rund um den Marienplatz anzutreffen, dessen Mittelpunkt die **Mariensäule** darstellt. Sie wurde aus Dankbarkeit für das Ende der Pest (1628–35) errichtet – allerdings erst rund 150 Jahre später. Das 1550 erbaute und bis 1620 zum Schloss ausgebaute **Stadtschloss** (Marienplatz 12), daneben der sog. **Alte Hof**, der schon 1360 nachweisbar ist und lange Zeit das einzige Steinhaus der Stadt war; das **Rathaus** auf der Südseite des Marienplatzes, das 1640 erbaut wurde. Das heutige **Literaturhaus Allgäu** steht auf den Resten eines ehemaligen Brauhauses.

Hofmühle Als „müli ze Ymmenstatt" 1451 erwähnt und bis 1898 als Mühle in Betrieb, wird das Gebäude seit 1983 vom Heimatverein als Museum genutzt.

Beim Haxenwirt, das „Erlebniswirtshaus", mit recht origineller Speisekarte, Immenstadt-Thanners, Tel. 08397-728890, www.beimhaxenwirt.eu

Rauhenzell 08
Urkundlich bereits 860 erwähnt. Schloss Rauhenzell wurde 1555 von den Herren von Laubenberg erbaut und 1878 wird die Fassade in barockem Stil umgestaltet. Das Schloss ist in Privatbesitz und kann nicht besichtigt werden.

Der **Rauhenzeller See** lässt sich auf der Südseite umwandern- bzw. umfahren und bietet dem Naturfreund viele Möglichkeiten Gänse, Enten und Schwäne zu beobachten.

Museum Hofmühle, Immenstadt.

Rettenberg 09

Der auf 807 m Höhe liegende Ort, dessen Name sich von Roter Berg ableitet, beherbergte um 1350 auf der Burg Rettenberg eine der einflussreichsten Familien im Oberallgäu. Heute wird der Ort auch als „Südlichstes Brauereidorf Deutschlands" bezeichnet, da hier zwei traditionelle Brauereien ansässig sind.

Maria Rain 14

Auf 900 m Höhe liegend bietet sich vom Luftkur- und Wallfahrtsort Maria Rain ein Blick bis zur Zugspitze.

Maria Rain.

Die Anfänge der schlichten Wallfahrtskirche Hl. Kreuz „Zu unserer lieben Frau", die wegen ihrer erlesenen Ausstattung auch gerne als „schönste Dorfkirche des Allgäus" bezeichnet wird, reichen bis Anfang des 15. Jhs. zurück, im 17. und 18. Jh. wurden immer wieder bauliche Veränderungen vorgenommen (Gotischer Hochaltar von 1519 und Kanzel mit Tragengel, um 1620/30). Die Blütezeit der Wallfahrtskirche lag im späten Mittelalter und in den Notzeiten des Dreißigjährigen Krieges.

Nesselwang 15

Staatlich anerkannter Luftkurort. Mit der Alpspitzbahn ist die 1500 m hohe Bergstation unterhalb des Alpspitz erreichbar.

Das **Heimathaus** „Beim Glaser" (Füssener Straße) ist ein altes Fachwerkhaus (1807), das mit originalem Gegenständen ausgestattet wurde.

Das **Skimuseum** präsentiert die Nesselwanger Wintersportgeschichte, darunter die Trophäen und Sportgeräte der bekannten einheimischen Skisportler und Olympiasieger Michael Greis (Biathlon) und Franz Keller (Nordische Kombination).

Tourismusinformation siehe ab S. 150
Übernachtungsverzeichnis siehe ab S. 153

Kurz vor Nesselwang überqueren wir die Wertach auf dieser alten, engen und kopfsteingepflasterten Römerbrücke.

Etappe 03 Nesselwang – Füssen – Bad Kohlgrub

Unterwegs zu den bayerischen Königsschlössern

63 km | 6:15 Std. | 540 hm | 589 hm

GPS-Koordinaten / Start
UTM Zone 32 x: 613.060 m y: 5.275.610 m

Startort: Nesselwang
Start: Bahnhof in Nesselwang, 870 m
Ziel: Bad Kohlgrub, 821 m
Charakter: Nach Nesselwang und vor allem im letzten Drittel recht hügelig; die Anstiege zwischen Trauchgau und Altenau sind zudem teils beschwerlich und verlaufen auf schlechtem, gekiestem Untergrund.
Verkehr: Straßenbegleitende Radwege, Waldwege und kaum befahrene Nebensträßchen.

Tipp: Die Altstadt von Füssen und die weltbekannten Königsschlösser sind unbedingt einen Besuch wert. Der Abstecher zur Wieskirche (insges. ca. 7,5 km) lohnt ebenfalls.

Ausflugsziele / Sehenswürdigkeiten & Einkehrtipps siehe S. 62/63

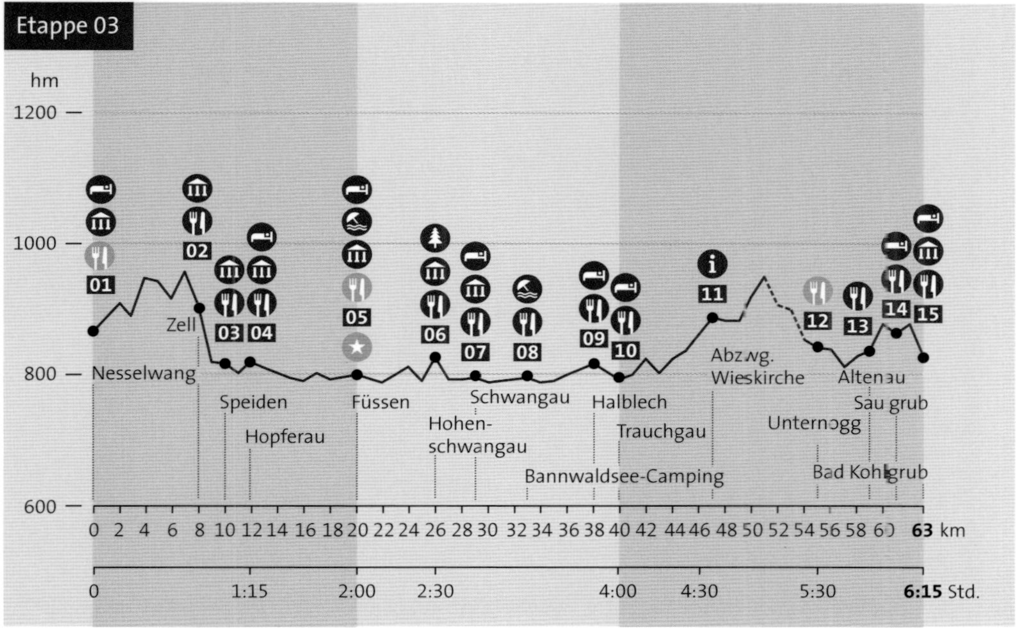

Nesselwang – Füssen / 20 km / 2:00 Std.

Start Vom Bahnhof in **Nesselwang** **01** fahren wir auf der Bahnhofstraße in die Von-Lingg-Straße und erreichen bei der Verzweigung mit der Lindenstraße wieder den B-K-Radweg. Links haltend biegen wir in die Poststraße ein, dann rechts auf der Fichtenstraße weiter. Ein unbefestigter, schmaler Weg führt auf einer Brücke über einen Bach, zuletzt recht steil, dann radeln wir vor bis zur Teerstraße und biegen rechts ab. Bevor wir die Hauptstraße erreichen geht es scharf links abwärts durch ein kleines Industriegebiet, dann über Bahngleise und auf breitem, asphaltiertem Sträßchen, dem Hertinger Weg, weiter (nicht auf dem geteertem Weg, der direkt neben den Gleisen verläuft!).

Wir passieren **Hertingen**, es geht nur leicht hoch, schön asphaltiert über freies Gelände mit schöner Aussicht. Nach einer flotten Abfahrt

Burgenmuseum in Zell.

und einem kurzen Gegenanstieg weist das Schild halblinks und führt uns in den Wald. Wir erreichen eine Kreuzung, links ist der Kögelweiher zu sehen, wir halten uns rechts und folgen der Beschilderung nach Zell/Eisenberg. Nach **Oberdolden** steigt der Weg wieder spürbar an, wir passieren **Hummel** und lassen es dann nach **Schweinegg** hinab laufen. Anschließend steigt der Weg bis zu einem Forsthaus wieder an, bevor es erneut bergab geht und wir **Zell** 02 erreichen. Vorbei an einem Haus mit der Aufschrift „Burgenmuseum" (hier sind Funde von der Ruine Eisenberg ausgestellt) geht es vor der Kirche links rein, zunächst wieder kurz steil hoch, dann über freies Feld wieder flott bergab. Wir treffen auf die Hauptstraße und folgen links dem straßenbegleitenden Radweg. Vorsicht: Bei der rasanten Abfahrt in Richtung Eisenberg nicht die Abzweigung verpassen, die rechts über die Straße hinüber in einen unbefestigten Feldweg leitet. Es geht weiter abwärts, zunächst sachte und durch Wald, dann steiler werdend und ziemlich kiesig. Vorsichtig fahren ist anzuraten! Durch eine Hofeinfahrt hindurch und in einer Links-Rechts-Kurve weiter abwärts rollen wir auf die Kirche von **Speiden** 03 zu.

Mit schönem Gebirgsblick umfahren wir die Kirche links in Richtung Hopferau. Wir folgen dem B-K-Radwegschild, bis wir die Hauptstraße erreichen und auf dem Fuß-/Radwegtrottoir nach rechts folgen. Kurz darauf unterqueren wir die Straße und folgen dem Radweg auf der linken Seite der St 2008. In **Hopferau** 04 verlassen wir die Hauptstraße vor der Kirche nach links und radeln leicht ansteigend am **Schloss Hopferau** vorbei, das direkt links am Weg liegt. Oberhalb vom Schloss biegen wir rechts ab in die Alpenblickstraße, die durch ein Wohngebiet

Schloss Hopferau.

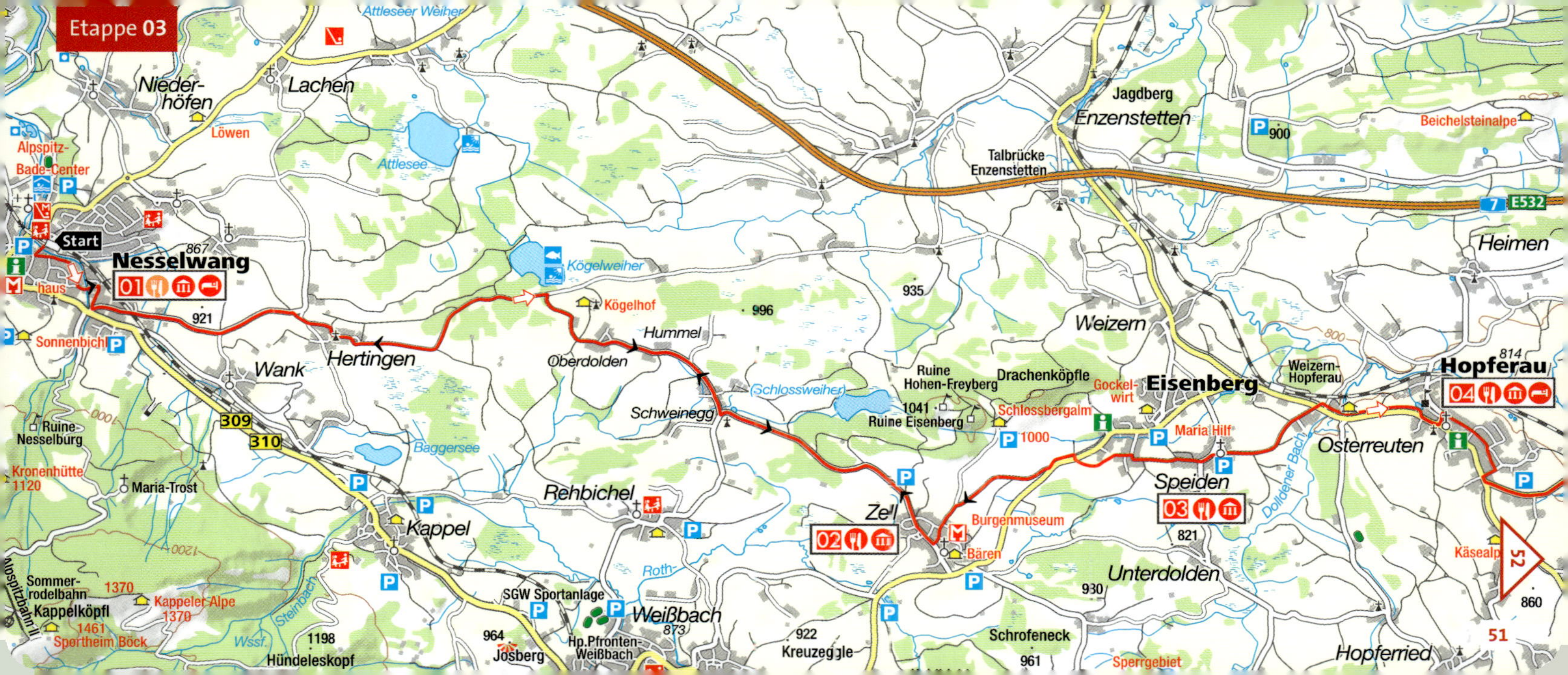
Attleseer Weiher
Nieder-
höfen
Lachen
Löwen
Attlesee
Alpspitz-
Bade-Center
Start
Nesselwang
867
haus
921
Sonnenbichl
Hertingen
Wank
Kögelweiher
Kögelhof
996
935
Hummel
Oberdolden
Schweinegg
Schlossweiher
Jagdberg
Enzenstetten
Talbrücke
Enzenstetten
900
Beichelsteinalpe
E532
7
Heimen
Weizern
800
Weizern-
Hopferau
814
Hopferau
Ruine
Hohen-Freyberg
Drachenköpfle
Gockel-
wirt
Eisenberg
1041
Ruine Eisenberg
Schlossbergalm
1000
Maria Hilf
Osterreuten
Speiden
Dolldener Bach
Ruine
Nesselburg
1000
309
310
Baggersee
Kronenhütte
1120
Maria-Trost
Kappel
Rehbichel
Zell
Burgenmuseum
Bären
821
Unterdolden
930
Käsealp
860
1200
Sommer-
rodelbahn
1370
Kappelköpfl
1461
Kappeler Alpe
1370
Sportheim Böck
Alpspitzbahn II
Steinbach
Wssf.
Roth
SGW Sportanlage
Weißbach
873
964
Josberg
Hp.Pfronten-
Weißbach
1198
Hündeleskopf
922
Kreuzeggle
Schrofeneck
961
Sperrgebiet
Hopfenried

führt und ihrem Namen alle Ehre macht. In einer Links-Rechts-Kurve geht es wieder zur Hauptstraße vor und wir folgen dem straßenbegleitenden Radweg nach links.

Wir überqueren auf einer Brücke die Bahn, anschließend auf der nächsten Brücke die Autobahn und sehen vor uns den **Hopfensee** liegen, den wir wenig später erreichen. Auf einem Radweg oberhalb der Uferpromenade durchfahren wir **Hopfen am See**. Ab Ortsende führt uns wie-

Blick über den Hopfensee in die Lechtaler Berge.

der ein straßenbegleitender Radweg leicht ansteigend durch **Fischerbichl** und dann weiter nach **Füssen** 05. Über die Augsburger Straße fahren wir ins Stadtzentrum bis zur Fußgängerzone, überqueren die Kreuzung und halten uns links entlang der lebhaften Sebastianstraße. Danach auf dem Radweg am Franziskanerkloster vorbei bis zur Radwegverzweigung vor dem Lechsteg.

Auf dem Lechsteg in Füssen, Richtung Hohenschwangau.

Füssen – Trauchgau / 20 km / 2:00 Std.

Nach rechts und dann links unter Lechsteg und Lechbrücke hindurch ist ein Radweg nach Schwangau ausgeschildert, den wir als Abkürzung benutzen können, wenn wir auf den Besuch von Hohenschwangau verzichten wollen. Wir fahren aber geradeaus und überqueren den Lech auf dem Lechsteg Richtung Hohenschwangau. Auf abgetrenntem asphaltierten Radweg fahren wir durch Wald, immer wieder mit Blick auf die Schlösser Neuschwanstein und Hohenschwangau. Beim großen Parkplatz in **Hohenschwangau** 06 zweigt der B-K-Radweg links nach Schwangau ab. Ein Abstecher zum nahen **Alpsee** bietet sich an, wer genügend Zeit hat darf sich auch auf den Weg zum **Schloss Neuschwanstein** machen.

Über der Füssener Altstadt thront das Hohe Schloss.

Wir radeln über freie Wiesen nach **Schwangau** 07. treffen dort auf die Hauptstraße, die wir überqueren, bei der nächsten Möglichkeit links abbiegen und dann sofort rechts der Straße „Unterdorf" folgen. Wir überqueren die König-Ludwig-Straße und radeln auf dem Ale-

mannenweg weiter geradeaus, rechts mit Blick auf die kleine St.-Colomann-Kirche und die parallel verlaufende Bundesstraße. Einen Bach überqueren wir auf einer Holzbrücke, halten uns sofort rechts, bleiben auf dem asphaltierten Weg und überqueren den Bach nochmals über eine Brücke. Schönes entspanntes Radeln am Bach entlang, bis der Weg scharf rechts abknickt, unmittelbar vor dem großen **Camping-**

Hohenschwangau.

platz am Bannwaldsee 08. Wir stoßen wieder auf die Hauptstraße, biegen aber vorher links ab und radeln auf einem schattigen Radweg am Campingplatz entlang, über einen Parkplatz und folgen weiter dem straßenbegleitenden Radweg direkt neben dem Bannwaldsee entlang. Anschließend geht es wieder über freies Feld, rechts oben taucht die **St.-Peter-Kapelle** von Berghof auf. Nach dem Ortsteil Hafenfeld geht es durch ein kurzes Waldstück und auf

St. Peter-Kapelle, Berghof.

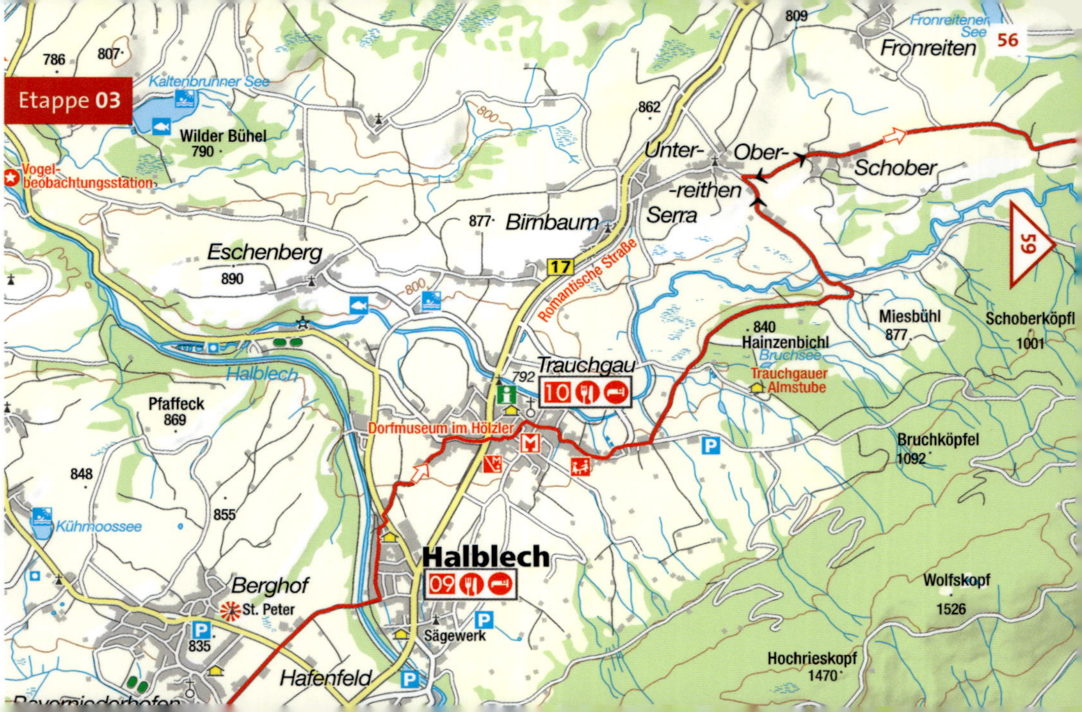

einer Brücke über den Lech nach **Halblech** 09 hinein.

Aber kurz nach der Brücke biegen wir links in die Straße „In der Siedlung“ ein, fahren durch eine Wohnsiedlung und in einem Rechtsbogen vor zur Hauptstraße. Aber noch vor der Hauptstraße folgen wir links einem straßenbegleitenden asphaltierten Radweg. Wenige Meter später rechts rein, „In die Breite“, Richtung Trauchgau/Wieskirche.

Wir verlassen den Ort nach ein paar Kurven und fahren wieder über freies Feld. **Trauchgau** 10 ist schon in Sichtweite, die gut sichtbare Kirche leitet uns. Wir treffen im Ort auf die Poststraße und folgen ihr rechts, ohne Radweg. Bis zur Hauptstraße vor, diese überqueren und auf der Reichenstraße geradeaus weiter. Vor der Kirche biegen wir in die Straße „Am Kirchplatz“ ab.

Auf einen Knotenpunkt mit üppiger Beschilderung treffen wir mitten im Wald bei der Abzweigung zur Wieskirche.

Trauchgau – Bad Kohlgrub / 23 km / 2:15 Std.

Ohne Radweg geht es weiter und über die Austraße verlassen wir Trauchgau. Kurz nach dem Ortsende geht es links auf einem asphaltierten, aber mit Kies überstreuten Weg ab; hier ist auch die Almstube ausgeschildert. Wir erreichen den Wald und hier endet auch der Asphalt.

Wenig später stoßen wir auf ein Viehgatter (bitte wieder schließen!), und radeln auf dem stets leicht auf und ab führenden Kiesweg am Waldrand entlang. Es folgt ein zweites Gatter und wir befinden uns wieder auf freiem Weidegelände mit zahlreichen Kuhherden links und rechts des Weges. Bei zwei Holzhütten beginnt wieder der Asphalt, der auch gleich ordentlich ansteigt. Wir stoßen unterhalb von **Oberreithen** auf eine Verzweigung und folgen dem B-K-Schild nach rechts. Wir befinden uns nun auf der Königstraße, die zu den Häusern von **Schober** leicht ansteigt, dann wieder in den Wald hineinführt. Der Asphalt wird zunächst schlechter, ab der **Abzweigung zur Wieskirche** **11** i links (mit 3,2 km ausgeschildert) hört der Asphalt auf und es geht auf einem kiesigen Waldweg weiter, immer wieder leicht abwärts. Der schattige Wald wechselt mit Almwiesen ab, insgesamt ist der kilometerlange Weg recht mühsam zu fahren und bei Nässe sehr unkom-

Die heiklere der beiden Stellen, die auf der Königstraße durchfahren werden müssen.

fortabel. Zwei Wasserläufe müssen durchfahren werden, wobei der erste etwas Geschick verlangt, eine Brücke ist nicht vorhanden. Die zweite Stelle ist einfacher, da eine Betonplatte unter dem Wasser die Überfahrt erleichtert.

Wenig später passieren wir rechts ein Schild „Elbele“, ab hier geht es wieder leicht bergab und

Moser
Wieskirche
Wies
871
885
Brunnenbühel
855
865
895
Heilig Kreuz
860
Ober-Lindegger See
Schleierfälle
916
845
826
926
Fronreitener See
Fronreiten
Widsee
929
Felsdurchbruch Scheibum
Acheleschwaig
Groß Bicheleck
976
E-Werk Kammerl
Schneidberg
1012
999
Klein Bicheleck
Ammer
Königstraße
Furt
Schober
11
934
61
56
Haldemooseck
1007
816
Königstraße
12
Mayersäge
Miesbühl
877
Schoberköpfl
1001
Forsthaus Unternogg
Hoher Trauchberg
Bruchköpfel
1092
Schwarzeck
Atenberg

„Häkel-Baum" in Saulgrub. Der Radweg führt am hinten sichtbaren Bürgersaal Almrösl vorbei.

der Weg ist besser gekiest. Nach einer flotteren Abfahrt überqueren wir auf einer Brücke einen Bach, treffen auf einen breiteren Weg, dem wir nach links folgen. Es geht stärker bergab, der Weg ist immer noch gekiest, daher ist Vorsicht angeraten. Wir stoßen auf eine Asphaltstraße und Wegebeschilderung, rechts ist Altenau ausgeschildert. Ein kurzes Stück weiter überqueren wir die Halbammer auf einer Brücke und erreichen kurz danach das Gasthaus Forsthaus **Unternogg** 12.

Auf der Unternoogstraße radeln wir nun wieder über offenes Gelände, passieren einen Holzgroßhandel und gelangen nach **Altenau** 13. Wir fahren vor bis zur Unteren Dorfstraße, biegen vor dem Dorfteich links ab und folgen der Saulgruber Straße, die uns in einer Rechtskurve leicht ansteigend aus dem Ort hinausführt. Wir überqueren die Bahngleise und folgen der stets leicht ansteigenden Straße ohne Radweg nach

Bad Kohlgrub.

Saulgrub 14. Wir fahren bis zur Hauptstraße vor, überqueren diese und folgen der am Schluss ordentlich steil werdenden Ortsdurchfahrtsstraße bis zur beschilderten Abzweigung rechts nach Murnau/Bad Kohlgrub.

Vorbei an der Tourist-Info beginnt am Ortsende von Saulgrub wieder ein asphaltierter und schön zu fahrender Radweg rechts der Kohlgruber Straße. Auf einer Brücke geht es über die Autobahnbaustelle, anschließend über Bahngleise und kurz darauf haben wir **Bad Kohlgrub** 15 erreicht. Über die Saulgruber Straße radeln wir gemütlich hinunter ins Zentrum, folgen der Hauptstraße und biegen dann links in die Bahnhofsstraße hinein, die uns direkt zum Bahnhof führt **Ziel**.

Hochzeitszug in Bad Kohlgrub.

AUSFLUGSZIELE / SEHENSWÜRDIGKEITEN & EINKEHRTIPPS

Zell 02

Entstanden vermutlich aus einem Wirtschaftshof, der um 1315 zur Errichtung und Versorgung der Burg Eisenstein angelegt wurde.

Das in der Ortsmitte liegende **Burgenmuseum** wurde 1985 eröffnet und enthält ausgewählte archäologische Funde der Ausgrabungen auf der Burg Eisenberg. Infos: www.burgenmuseum-eisenberg.de (Führungen auf Anfrage: Tel. 08361-738).

Hopferau 04

Die am Westufer des Hopfensees gelegene Gemeinde gehörte im 1.800 Jh. den Freiherren Freyberg-Hopferau und kam 1806 zu Bayern.

Neben einer **Schaukäserei** (Besichtigung und Führungen) ist das restaurierte, in Privatbesitz befindliche **Schloss Hopferau** sehenswert, das von einem schönen Park umgeben heute als Hotel genutzt wird.

Füssen 05

Liegt an der Romantischen Straße der Via Claudia Augusta und wird vom Lech durchflossen. Füssen ist mit 808 m die höchstgelegene Stadt Bayerns. Römische Siedlungsspuren lassen sich besonders auf dem Füssener Schlossberg nachweisen. Die mittelalterliche Stadt liegt im Königswinkel und ist wegen ihrer vielen Brunnen und der gut erhaltenen Stadtmauer heute eine touristische Hochburg in der Nähe der Königsschlösser Neuschwanstein und Hohenschwangau.

Kloster Mang, Füssen.

Kloster St. Mang Im 8. Jh. entstandenes Benediktinerkloster. Das heutige Barockkloster entstand zwischen 1697 und 1726 und wurde im italienischen Stil errichtet, es beherbergt heute das Museum der Stadt Füssen

Das **Hohe Schloss** wurde zwischen 1486 und 1505 von den Augsburger Fürstbischöfen auf einem Hügel über der Altstadt von Füssen erbaut. Heute ist die Städtische Gemäldegalerie und ein Teil der Bayerischen Staatsgemäldesammlung hier untergebracht. Besonders sehenswert ist der Rittersaal mit einer imposanten Kassettendecke. Gilt als eine der am besten erhaltenen mittelalterlichen Burganlagen Bayerns. Der bis ins sechste Stockwerk zugängliche **Torturm** bietet einen fantastischen Rundblick über Stadt und Umgebung. Die **Veitskapelle** ist vermutlich die wohl höchstgelegene Schlosskapelle Deutschlands. Füssen gilt als die Wiege des Lautenmacher-Gewerbes und war bekannt für seinen Geigenbau. 1562 wurde hier die erste Lautenmacher-Zunft Europas gegründet.

Pizzeria Tutto Al Forno bietet herrlich-leckere Holzofenpizzen. (Tiroler Straße 55, Tel. 08362-940365, www.pizzeriatuttoalforno.de)

Hohenschwangau 06
Die weltbekannten bayerischen Königsschlösser Hohenschwangau und Neuschwanstein sind natürlich immer einen Abstecher wert.

Forsthaus Unternogg 12
Direkt am Weg, mit großem Gastgarten und gutbürgerlicher Küche mit Riesenportionen. (Unternoggstraße 1, Tel. 08845-8772, www.forsthaus-unternoog.de)

Saulgrub 14
Auf einem Hügel über dem Ort, der bis 1803 zum Kloster Ettal gehörte, liegt die Kirche St. Franziskus. Mehrere Bauernhäuser mit teils schönen Holzschnitzwerken stehen unter Denkmalsschutz, ebenso der Bahnhof von Saulgrub.

Bad Kohlgrub 15
Der ganze Ort ist seit 1948 als Heilbad beurkundet (der Ortsteil Gagers bereits seit 1878). Besitzt das höchstgelegene Moorheilbad Deutschlands.

Die **Rochuskirche**, nördlich des Ortes auf einer Anhöhe stehend, entstand aus einem Gelübde zweier Familien, die als einzige 1663 die Pest überlebten.

Tourismusinformation siehe ab S. 150

Hohenschwangau, Blick zum – wegen Bauarbeiten verhüllten – Schloss Neuschwanstein.

Wieskirche 11

Die Wallfahrtskirche zum Gegeißelten Heiland auf der Wies (so der volle Name) liegt im sogenannten Pfaffenwinkel und ihre Gründung geht auf eine Wallfahrt zurück, die seit 1739 bestand. Sie entstand aus der Verehrung einer Statue des Gegeißelten Heilands, die 1730 von Pater Magnus Straub und Bruder Lukas Schweiger im oberbayrischen Kloster Steingaden gefertigt wurde.

Erbaut wurde das Gotteshaus von 1745 bis 1754 von den Brüdern Johann Baptist und Dominikus Zimmermann. 1983 wurde die Wieskirche zum Weltkulturerbe erklärt und von 1985 bis 1991 für 10,6 Millionen DM restauriert. Heute besuchen jährlich mehr als eine Million Menschen die Kirche. Sie ist regelmäßig Veranstaltungsort von kirchenmusikalischen Konzerten.

Etappe 04 Bad Kohlgrub – Kochel a. See – Bad Heilbrunn

Moorlandschaften, Seen und berühmte Klöster

56 km	5:00 Std.	236 hm	370 hm	GPS-Koordinaten / Start	
				UTM Zone 32	x: 654.500 m y: 5.281.430 m

Startort: Bad Kohlgrub
Start: Bad Kohlgrub, Bahnhof, 821 m
Ziel: Bad Heilbrunn, 681 m
Charakter: Aussichtsreich am Südrand des Murnauer Mooses entlang, dann relativ flach Richtung Kochelsee und über freie Wiesen, teils auf schönem Betonplattenweg, nach Benediktbeuern und zum Schluss leicht ansteigend in das Kräuter-Erlebnisdorf Bad Heilbrunn.
Verkehr: Wald- und Wiesenwege, straßenbegleitende Radwege, kaum Verkehr.

Tipp: Wer diese leichte Tour etwas „aufpeppen" will macht zwischen Schwaiganger und Großweil den schweißtreibenden aber lohnenden Abstecher über die Kreutalm und das Freilichtmuseum Glentleiten.

Ausflugsziele / Sehenswürdigkeiten & Einkehrtipps siehe S. 76–79

Übersicht

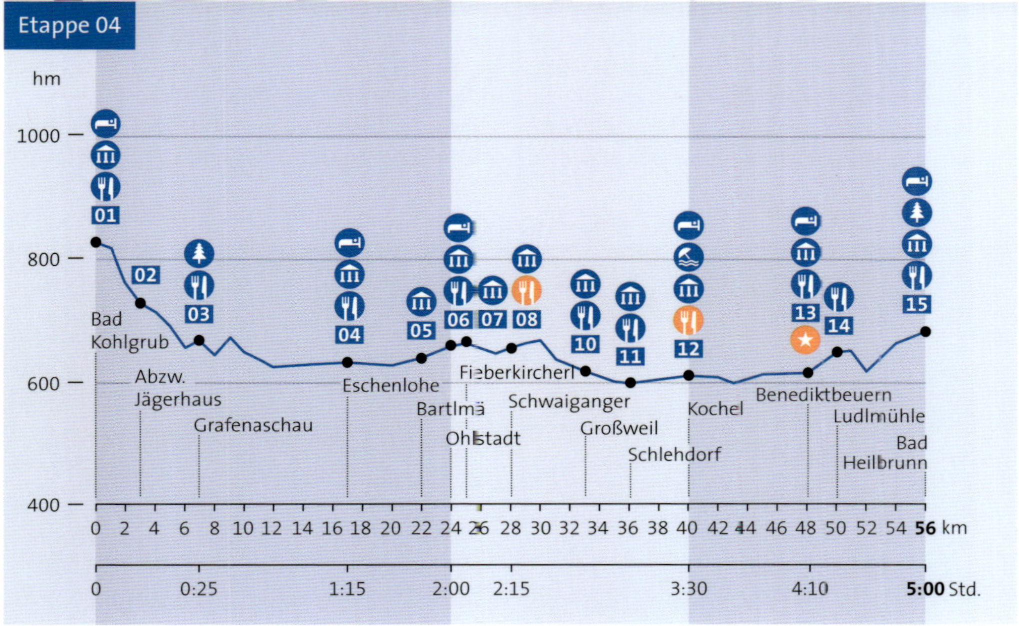

Bad Kohlgrub – Ohlstadt / 24 km / 2:00 Std.

Start Vom Bahnhof in **Bad Kohlgrub** 01 auf der Bahnhofstraße zur Hauptstraße vor, die wir überqueren, um dann sofort in die Mühlstraße einzubiegen. In flotter Abfahrt verlassen wir den Ort, passieren die **Abzweigung Jägerhaus** 02 links (Gasthof mit großem Biergarten, mit 800 m ausgeschildert) und radeln ab jetzt auf nicht asphaltiertem Weg in den Wald hinein. Es geht recht schattig weiter und stets leicht bergab, wir passieren einen Wanderparkplatz (hier beginnt wieder Asphalt) und stoßen kurz darauf bei einem Sportgelände auf die Aschauer Straße und eine Wegverzweigung. Nach links ist die Straße Richtung Murnau erreichbar, wir halten uns rechts und folgen dem straßenbegleitenden asphaltierten Radweg. Vorbei am Café Habersetzer durchqueren wir **Grafenaschau** 03, der Radweg hört auf und wir radeln, links an einem schönen Biergar-

Blick ins Murnauer Moos.

ten vorbei, auf der kaum befahrenen Schwaigener Straße weiter. Das schön zu fahrende Sträßchen, das meist schattig und leicht abfallend verläuft, bietet schöne Ausblicke in die herrliche Murnauer Moorlandschaft auf der linken und ins Gebirge auf der rechten Seite. Am Weiler **Apfenbichel** vorbei radeln wir auf die sichtbare Autobahn zu, biegen aber kurz vorher scharf rechts ab (Schild). Das asphaltierte Sträßchen führt schön durch Wiesen zu einer Verzweigung, wo wir dem B-K-Schild nach links folgen (links ist der Weg zum Ettaler Manndl ausgeschildert).

Wir unterqueren die Autobahn, überqueren die Bahngleise und fahren direkt auf ein Kirchlein zu, das uns in die Ortsmitte von **Eschenlohe** **04** leitet. Hier lädt uns der Gasthof Alter Wirt zur Einkehr ein. Wir halten uns rechts, folgen der Garmischer Straße bis wir die überdachte Loisachbrücke vor uns haben. Vor der Brücke biegen wir links in ein Sträßchen ein, das nach 200 m in einen Kiesweg übergeht und unmittelbar an der Loisach entlang verläuft. Bei

Auf dem Weg nach Eschenlohe.

der Eisenbahnbrücke, die wir anschließend unterqueren, bietet sich direkt neben dem Radweg eine schöne Badegelegenheit am Flussufer.

Bei den vor uns auftauchenden Häusern treffen wir auf Asphalt, biegen aber vor dem Betriebsgelände wieder rechts in einen Naturweg ab. Nach ca. 3 km auf einem teils schmalen und meist gekiesten Weg, überqueren wir kurz vor

Gasthaus Alter Wirt im Ortszentrum von Eschenlohe.

Bartlmäschreiner mit Pumuckl-Museum: der etwas andere Möbel-Stadl.

der Autobahn die Loisach und fahren auf der Partenkirchner Straße ohne Radweg weiter. Wir passieren rechter Hand den **Bartlmäschreiner** 05 und das Pumucklmuseum; rechts im Hintergrund verläuft auch die Eisenbahn, die wir kurz darauf überqueren und das Ortsschild von **Ohlstadt** 06 erreichen.

Ohlstadt – Kochel / 16 km / 1:30 Std.

Wir folgen der Partenkirchner Straße, dann der Schwaigangerstraße bis zur Abzweigung Fieberkirchweg am Ortsende. Das **Fieberkircherl** 07 ist über den schmalen, asphaltierten Weg nach ca. 300 m erreicht. Der Weiterweg weist nun recht unterschiedliche Beschaffenheit auf: Betonplatten, Asphalt, schlechter Asphalt und gekiester Naturweg.

Der Radweg führt direkt am Fieberkircherl vorbei.

Willkommene Einkehrstation: Landesgestüt Schwaiganger.

Nach gut 2 km biegt der Weg für Radfahrer scharf links ab und führt uns zum Landesgestüt **Schwaiganger** 08 und zum **Landgasthof Herzogin Anna**.

Bei den Parkplätzen vor dem Eingang führt der Weiterweg ein kurzes Stück steil hoch zur St 2062 und bringt uns auf einen straßenbeglei-

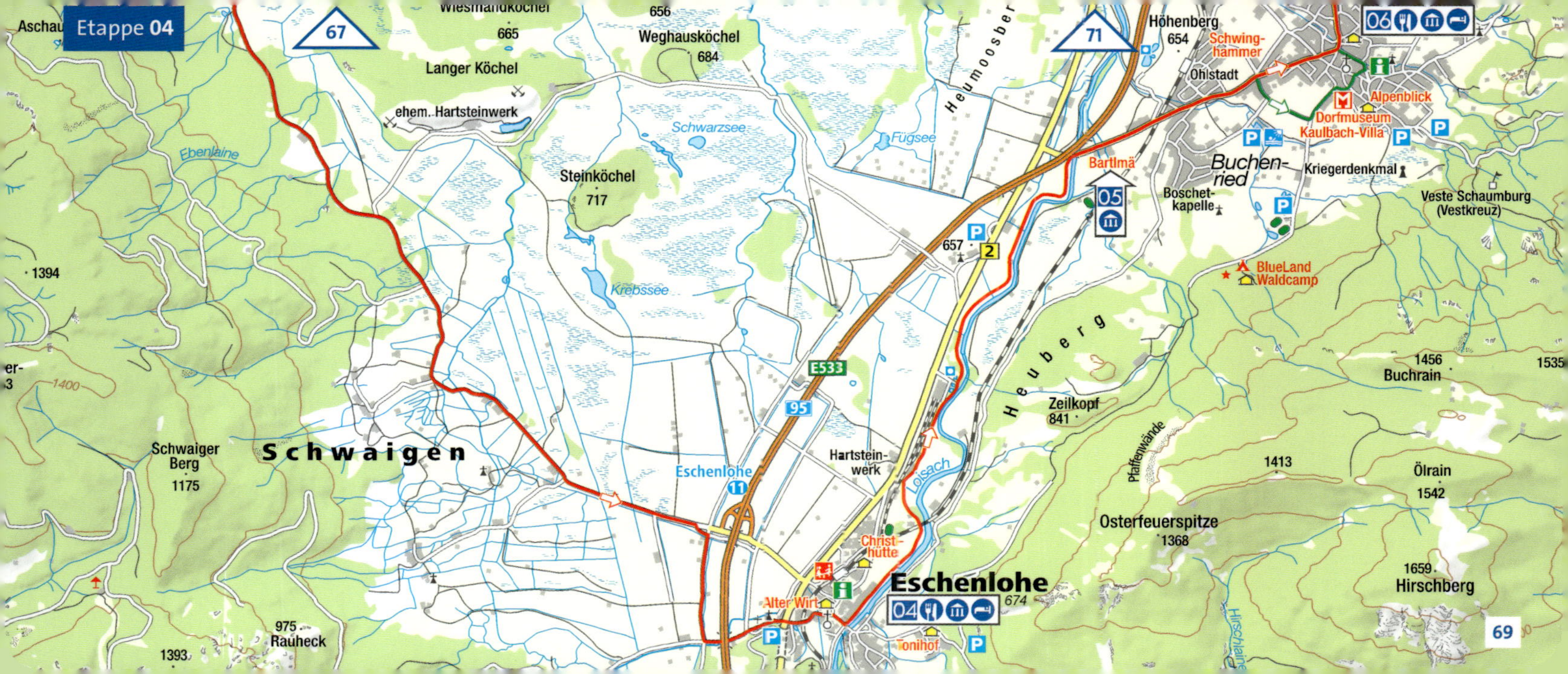

Aschau
67
665
Langer Köchel
656
Weghausköchel
684
71
Höhenberg
654
Schwing-
hammer
Ohlstadt
06
Alpenblick
Dorfmuseum
Kaulbach-Villa
Heumoosber
ehem. Hartsteinwerk
Ebenlaine
Schwarzsee
Fügsee
Steinköchel
717
Bartlmä
Buchen-
ried
Kriegerdenkmal
Boschet-
kapelle
Veste Schaumburg
(Vestkreuz)
05
657
2
1394
Krebssee
BlueLand
Waldcamp
E533
Heuberg
1456
Buchrain
1535
1400
95
Zeilkopf
841
Pfaffenwände
Schwaiger
Berg
1175
Schwaigen
Eschenlohe
11
Hartstein-
werk
Loisach
1413
Ölrain
1542
Osterfeuerspitze
1368
Christ-
hütte
Eschenlohe
674
04
Alter Wirt
1659
Hirschberg
975
Rauheck
1393
Tonihof
Hirschlaine

tenden asphaltierten Radweg, dem wir rund 4,5 km lang nach **Großweil** 10 folgen. Knapp 1,5 km nach dem Gestüt Schwaiganger passieren wir die Abzweigung zur Kreutalm rechts, die uns über das Freilichtmuseum **Glenleiten** 09 ebenfalls nach Großweil bringen würde.

Kloster Schlehdorf.

Allerdings darf man nicht vergessen, dass dabei auf etwa 1,2 km rund 140 steile Höhenmeter zu bewältigen sind!

Wir durchqueren Großweil, bleiben noch ein Stück auf der Kocheler Straße, bis wir links in die Unterauer Straße abbiegen. Von hier bieten sich schöne Ausblicke zu Herzogstand und Heimgarten. In **Unterau** die scharfe Linksabzweigung nicht verpassen, die uns über die Loisach hinüber leitet. Auf dem flussbegleitenden asphaltierten Radweg radeln wir Richtung **Schlehdorf**.

Wir stoßen auf die nächste Loisachbrücke, über die wir links einen kurzen Abstecher zum **Kloster Schlehdorf** 11 machen können. Nach rechts erreichen wir auf dem asphaltierten Radweg neben der St 2062 **Kochel am See** 12. Direkt am Ortseingang bietet sich rechts über die Triministraße ein Abstecher zum **Kochelsee** an.

Kochel – Bad Heilbrunn / 16 km / 1:30 Std.

Für den Weiterweg bleiben wir kurz auf der Schlehdorfer Straße, biegen dann aber links ab in den Prälatenweg, der uns am Bahnhof vorbei aus dem Ort leitet. Wir passieren einen Fußgän-

Im Ortszentrum von Kochel.

Hagen
696
Hellerberg
Höllersberg
Murnau/Kochel
712
10
Großweil
622
10
Mühlhagen
Loisach
619
702
Jasberg
738
Autobahn-
meisterei
Neuwirt
Unterau
Freilicht-
museum
09
Karpfsee
Mülldeponie
95
E533
08
Kreut
Kreutalm
790
609
Schlehdorf
11
609
Kloster
St. Tertulin
Kloster-
bräu
Loisach
73
Aspenstein
661
Freizeitanlage
"Trimini"
Mayrh
600
660
Landgasthof
Herzogin-Anna
Haupt- und
Landesgestüt
Schwaiganger
660
Hirschberg
940
Bromberg
852
800
Silbersee
640
Franz-Marc-Museum
Hohentanne
950
Raut
885
773
Kochelsee
(599)
Grauer
Bär
Raut
Fieber-
kircherl
664
07
Ohlstadt
06
69
Simmersberg
1113
Panorama-
blick
Brandenstein
Rennrodelbahn
Felsenkeller
800
Altjoch

gerübergang über die Bahn, ab hier ist der Weg nicht mehr asphaltiert. Der relativ breite, gekieste Naturweg verläuft ein gutes Stück direkt neben den Gleisen, bis er bei einem kleinen Parkplatz links wegschwenkt. Der jetzt mit Betonplatten versehene Weg verläuft über aussichtsreiches freies Gelände und macht nach ei-

Am Kochelsee.

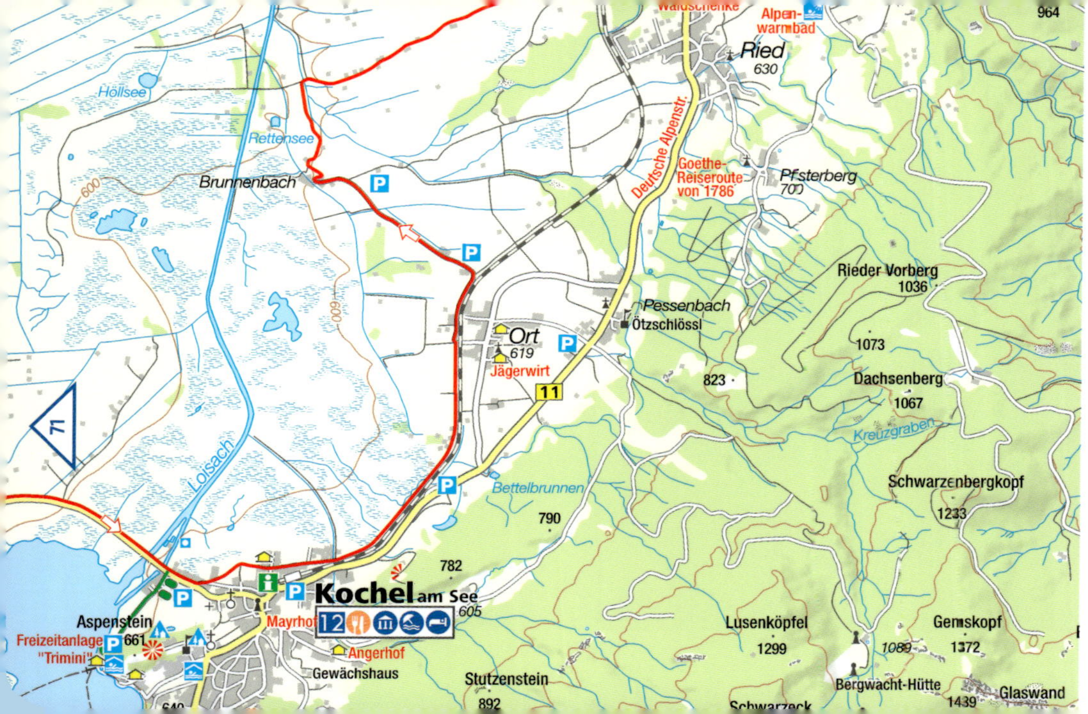

nem abbruchreifen Haus einen Rechtsknick, nun wieder auf Naturboden. Wir überqueren einen Bach und radeln auf dem hier eher beschwerlich zu fahrenden Kiesweg Richtung **Benediktbeuern** 13. Kurz vor der Bahnunterführung biegen wir scharf links ab und folgen dem schlecht asphaltierten Spatzenpointweg zum bereits sichtbaren **Kloster Benediktbeuern**.

Am Kloster vorbei biegen wir in die Bahnhofsstraße rechts ab, fahren vor bis zur B 11, halten uns beim Gasthaus Zur Post links und schwenken sofort wieder rechts in die Ludlmühlstraße ein. Am Feuerwehrgerätehaus vorbei verlassen wir den Ort, passieren das Ortsschild Bichl (nach links ist Bichl-Ort ausgeschildert) und halten uns rechts Richtung Obersteinbach.

Am eindrucksvollen Gasthof **Ludlmühle** 14 vorbei überqueren wir einen Bach, durchfahren

Obersteinbach und unterqueren dann die B 11 durch einen kurzen Tunnel. Nach **Untersteinbach** folgt ein schöner Alleeweg, dann ein Radweg entlang der Bundesstraße. Nicht die scharfe Abzweigung rechts verpassen, hier müssen wir die Straße überqueren. Anschließend steigt der Weg spürbar an. Erneut müssen wir eine Fahrstraße überqueren und rechts dem straßenbegleitenden Radweg folgen.

Über die Bahnhofstraße gelangen wir zur Kocheler Straße, der wir auf dem Radweg nach **Bad Heilbrunn** 15, der Kräuter-Erlebnisgemeinde, folgen. Hier links abbiegen, dann in die Birkenallee, am Kurpark stoßen wir auf den Wörnerweg und die Gästeinformation. Links davon, in der Badstraße gelangen wir zur Rathaus **Ziel**.

Kloster Benediktbeuern.

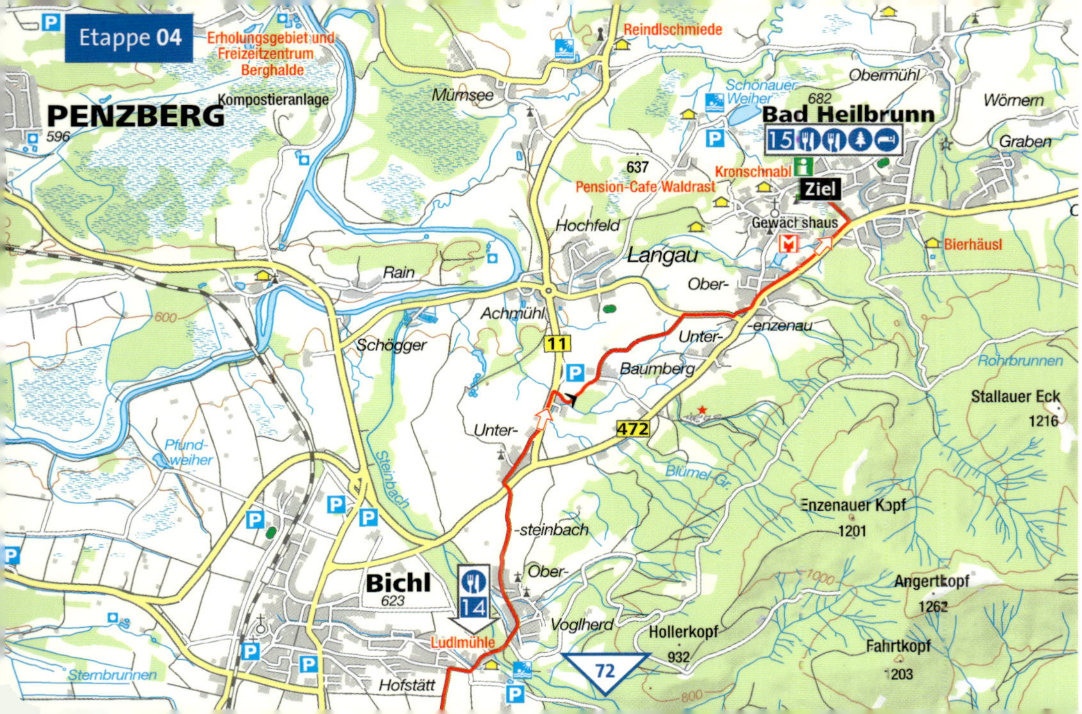

Eine Ruheoase: Der Kräutergarten in Bad Heilbrunn.

AUSFLUGSZIELE / SEHENSWÜRDIGKEITEN & EINKEHRTIPPS

Eschenlohe 04

Bekannt geworden ist der Ort neben den Staumeldungen infolge der Autobahnausfahrt auch durch die während des 2. Weltkriegs angelegte unterirdische, geheime Produktionsstätte der Flugzeugwerke Messerschmitt AG. Dazu wurden die beiden Straßentunnel der Olympiastraße (heute: B 2) bombensicher vermauert. Am Bau der Anlage waren auch KZ-Häftlinge aus Dachau eingesetzt.

Eschenlohe, Loisachbrücke.

Ohlstadt 06

Gehörte bis 1803 zum Kloster Schlehdorf; im Wappen ist oben ein Pferdekopf dargestellt, das versinnbildlicht das nahe gelegene Gestüt Schwaiganger. Der untere Teil des Wappens zeigt ein Wasserrad, das die langjährige Wetzsteinmacherei symbolisiert.

Der Maler Friedrich August von Kaulbach lebte von 1850 bis 1920 in Ohlstadt. Seine Villa ist heute ein **Museum** und beherbergt auch das Heimatmuseum. Die Gruft des Malers ist im Friedhof der Ohlstädter Kirche zu besichtigen.

Pestkapelle Fieberkircherl, erbaut 1640, erneuert 1778. Barocker Satteldachbau mit verschindeltem Zwiebel-Dachreiter.

Haupt- und Landgestüt Schwaiganger 08

Die Geschichte des Gestüts reicht urkundlich bis 955 zurück. Von 1780 bis 1790 war Schwaiganger die Sommerresidenz der Herzogin Maria Anna. Aus dieser Zeit stammt das Hauptgebäude als großzügig angelegter Flügelbau. In der Zeit von 1808 bis 1918 war Schwaiganger Fohlenhof und Remontedepot für das Militär. Die meisten Stallungen stammen aus dieser Zeit.

Glentleiten 09

Freilichtmuseum, das das ländliche Leben, Wohnen und Wirtschaften vergangener Jahrhunderte anschaulich zeigt. 1976 wurde der erste Abschnitt eröffnet; heute sind auf 38 ha rund 60 historische Gebäude wieder aufgebaut worden, darunter eine Wetzsteinmacherei, Mühlen, Sägen und Schmieden. Seit 2010 gibt es für Kinder ein museumspädagogisch angelegtes „Haus zum Entdecken". (Infos: Tel. 08851-1850, www.glentleiten.de)

Glentleiten, Informationshaus.

1920 übernahm der bayerische Staat den Betrieb und richtete ein Stammgestüt für das Kaltblutpferd ein. Mit Auflösung des Landgestütes Landshut wurde Schwaiganger 1980 Haupt- und Landesgestüt. Seit 2004 ist Schwaiganger zusätzlich Lehr-, Versuchs- und Fachzentrum für Pferdehaltung in Bayern. Über das ganze Jahr verteilt finden Vorführungen, Demonstrationen sowie Gestütsschauen statt.

Landgasthof Herzogin Anna, liegt mitten im Gestüt Schwaiganger, mit großem Biergarten unter schattigen Kastanien.

Schlehdorf 11

Gehörte zunächst zum Kloster Schlehdorf, wurde ab 1818 selbstständig. Die Seestraße in Schlehdorf steht mit 12 aneinander gereihten, fast gleichen Bauernhäusern als Ensemble unter Denkmalschutz und ist das Ergebnis eines Neubaus nach einer verheerenden Brandkatastrophe 1846.

Das **Kloster Schlehdorf** ist heute (seit 1904) ein Kloster der Missions-Dominikanerinnen von King William's Town in Südafrika (ca. 60 Missions-Dominika-

Kloster Schlehdorf.

nerinnen bewirtschaften das Kloster, neben einem Gästehaus, ein Klosterladen und eine Mädchenrealschule). Das Kloster wurde mehrfach neu aufgebaut, erste urkundliche Erwähnung 763.

Kochel am See 12

Erste Siedlungen um Kochel bereits in der Urnenfelderzeit (um 1200 v. Chr.), 739 entstanden die beiden Klöster Benediktbeuern und Kochel. Bis 1803 gehörte Kochel zur Herrschaft des Klosters Benediktbeuern. Berühmt wurde der Ort durch die sog. Sendlinger Mordweihnacht (die blutige Niederschlagung des Bauernaufstandes 1705) und den damit verbundenen Mythos des Schmied von Kochel, der historisch aber nicht belegt ist. Ein Denkmal steht auf dem Dorfplatz. Anfang des 20. Jhs. inspirierte die grandiose Landschaft des 2-Seen-Landes (Kochel- und Walchensee) viele Künstler. Begriffe wie „Malerwinkel“ oder „Blaues Land“ finden sich in etlichen bekannten Werken wieder. Der Walchensee taucht bei Lovis Corinth in etwa 60 seiner Bilder auf. Die Landschaft um den Kochelsee lieferte Franz Marc und anderen Kollegen der Künstlergruppe „Blaue Reiter“ wie Wassily Kandinsky oder Gabriele Münter zahlreiche Motive für viele weltbekannte Werke.

Das imposante „Schmied-von-Kochel-Denkmal“.

Seit 1986 befindet sich das **Franz-Marc-Museum** in Kochel am See. 2008 wurde ein Erweiterungsbau eröffnet. (Franz-Marc-Park 8–10, Tel. 08851-924880)
Das zwischen 1675–1694 errichtete **Schloss Aspenstein** wurde im Auftrag des Klosters Benediktbeuern erbaut. Unter den wechselnden Besitzern war während der NS-Zeit auch von 1936 bis 1945 der Reichsjugendführer Baldur von Schirach. Bildungsstätte seit 1948, dient es seit 1968 als Georg-von-Vollmar-Akademie der politischen Erwachsenenbildung.

Restaurant/Café Postillion, charmantes Lokal im Hotel Alpenhof mit umfangreicher Kaffeemühlensammlung und hervorragendem Kuchenangebot. (Kalmbachstr. 1, Tel. 08851-1820)

Benediktbeuern 13

Das Kloster Benediktbeuern ist vermutlich um 725/728 von Karl Martell gegründet worden und wurde etwa 10 Jahre später zur Benediktinerabtei. Die heutige Form im Barockstil stammt aus den Jahren 1669–1679. Im Jahre 1930 erwarben die Salesianer Don Boscos das Kloster und renovierten die Anlage. Heute beherbergt das Kloster Benediktbeuern zwei Hochschulen sowie die Don-Bosco-Jugendherberge mit den meisten Übernachtungen in Deutschland pro Jahr.

Kloster Benediktbeuern.

In einem Nebenbau ist das Museum Fraunhofer Glashütte untergebracht. Hier leitete der berühmte Joseph von Fraunhofer die Werkstätten, in denen optische Geräte von Weltruf produziert wurden.

Beeindruckend ist die alljährliche Leonhardifahrt Anfang November, wenn rund 50 geschmückte, von Pferden gezogene Kutschen vom Dorfplatz zum Kloster fahren, begleitet von Gebirgsschützen und Einheimischen in Tracht.

Bad Heilbrunn 15

Als Gründungsjahr der „Kräuter-Erlebnisgemeinde Bad Heilbrunn" gilt 1159, die erste urkundliche Erwähnung der Heilquelle, die aber vermutlich schon in keltischer Zeit bekannt war. Ab dem 16. Jh. waren bayerische Adelige zur Kur in Bad Heilbrunn, das ab Mitte des 17. Jhs. sechs Generationen lang das Hofbad der Münchner Fürsten wurde. 1934 erhielt der Ort das Prädikat Heilbad und 2005 die Bezeichnung Heilklimatischer Kurort. Sehenswert im Zentrum die barocke, mit Fresken verzierte Kirche und die 1920 erbaute Park-Villa, die komplett saniert und zu einem modernen Gesundheitszentrum umgestaltet wurde.
Im Kurpark wurde 2009 ein „Kräuter-Erlebnispark" mit mehr als 400 verschiedenen Wild-und Heilkräutern eröffnet.

Tourismusinformation siehe ab S. 150
Übernachtungsverzeichnis siehe ab S. 153

Bad Heilbrunn: Kräuter-Erlebnisgarten, Infozentrum.

Etappe 05 Bad Heilbrunn – Bad Tölz – Fischbachau

Auf und Ab zwischen Kurbädern und Badeorten

51 km	4:50 Std.	454 hm	365 hm	

GPS-Koordinaten / Start
UTM Zone 32 x: 684.070 m y: 5.291.220 m

Startort: Bad Heilbrunn
Start: Bad Heilbrunn, Gästeinformation beim Kurpark, 681 m
Ziel: Fischbachau, 770 m
Charakter: Der Mittelteil der Etappe ist durch zwei kurze, aber spürbare Anstiege gekennzeichnet, der erste nach Marienstein ist asphaltiert und schattig, der zweite nach der Oedbergalm ist ein gekiester Feldweg; daher für Kinder nur eingeschränkt zu empfehlen.
Verkehr: Radwege, Nebensträßchen und Waldwege, nur vereinzelt Verkehrsberührung.

Tipp: An der Blombergbahn und an der Oedbergalm haben Sie zweimal Gelegenheit, spektakuläre Sommerrodelbahnen zu benützen; das kann auch größeren Kindern diese recht anspruchsvolle Etappe „versüßen".

Ausflugsziele / Sehenswürdigkeiten & Einkehrtipps siehe S. 96/97

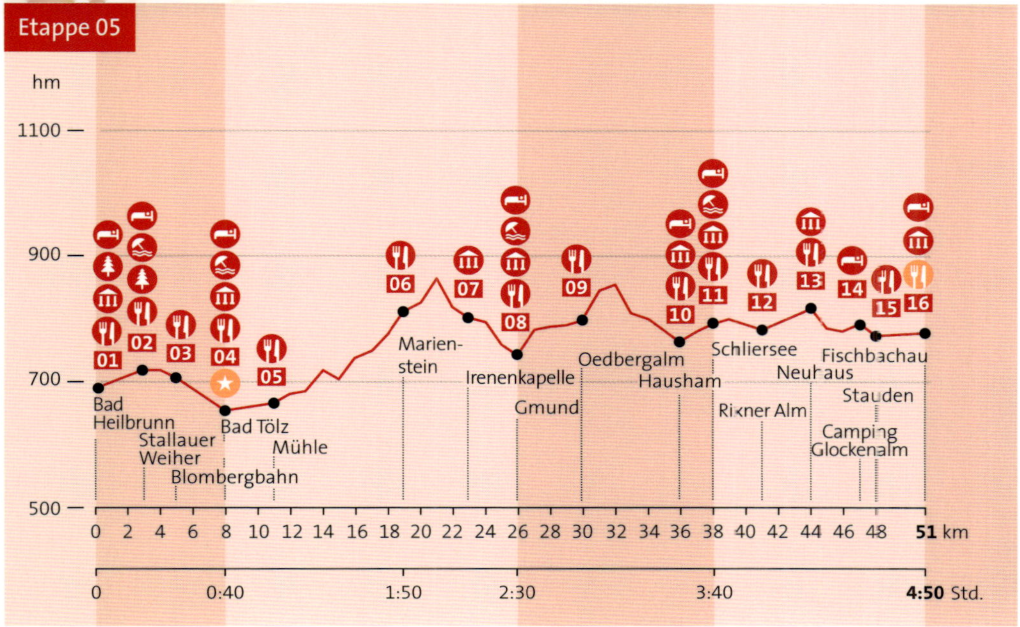

Bad Heilbrunn – Bad Tölz / 8 km / 0:40 Std.

Start Wir starten bei der Gästeinformation beim Kurpark in **Bad Heilbrunn** 01, fahren vor bis zur Bundesstraße (Tölzer Straße) und folgen links dem Fuß-/Radweg, der bald in einen abgetrennten Radweg übergeht. Wir passieren leicht abwärts fahrend das Gasthaus Wiesweber, am Anfang des **Stallauer Weihers** 02, an dem wir entlangradeln und meist viele Angler antreffen. Nach dem See ist links das Café Nirwana ausgeschildert, kurz be-

Stallauer Weiher.

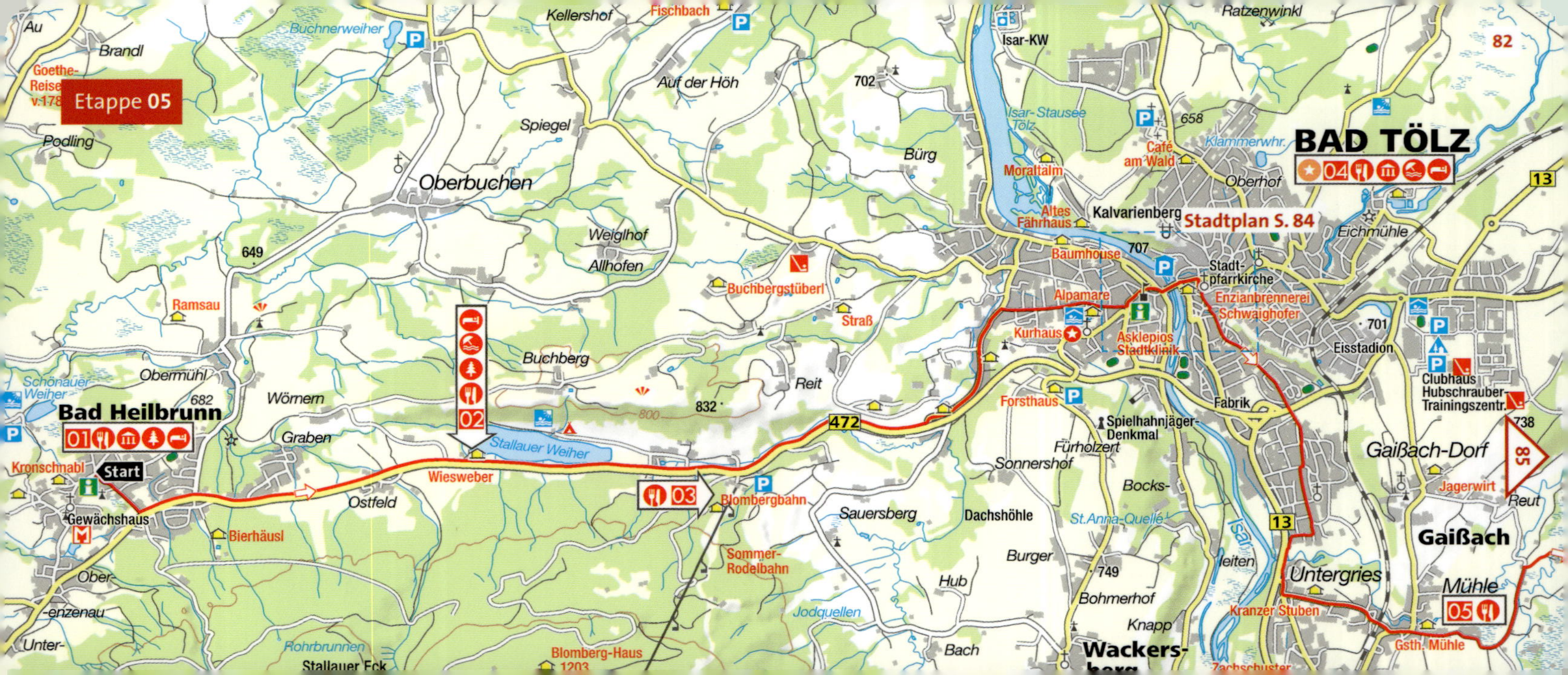
Etappe 05
Goethe-Reise v.178
Au
Brandl
Buchnerweiher
Kellershof
Fischbach
Isar-KW
Ratzenwinkl
Auf der Höh
702
Podling
Spiegel
Isar-Stausee Tölz
658
Bürg
Oberbuchen
Moraltalm
Café am Wald
Klammerwhr.
BAD TÖLZ
04
Oberhof
13
Weiglhof
Altes Fährhaus
Kalvarienberg
Stadtplan S. 84
Eichmühle
649
Allhofen
Baumhouse
707
Stadt-pfarrkirche
Ramsau
Buchbergstüberl
Straß
Alpamare
Enzianbrennerei Schwaighofer
701
Kurhaus
Asklepios Stadtklinik
Eisstadion
Buchberg
Obermühl
Schönauer Weiher
Reit
Clubhaus Hubschrauber-Trainingszentr.
Wörnern
682
832
800
Forsthaus
Fabrik
Bad Heilbrunn
01
02
472
Spielhahnjäger-Denkmal
738
Graben
Stallauer Weiher
Fürholzert
Gaißach-Dorf
85
Kronschnabl
Start
Wiesweber
Sonnershof
Ostfeld
03
Blombergbahn
Bocks-
Jagerwirt
Reut
Gewächshaus
Sauersberg
Dachshöhle
St.Anna-Quelle
Isar
13
Gaißach
Bierhäusl
Sommer-Rodelbahn
Burger
leiten
Ober-
749
Untergries
Hub
Mühle
-enzenau
Jodquellen
Bohmerhof
Kranzer Stuben
05
Knapp
Unter-
Rohrbrunnen
Bach
Gsth. Mühle
Stallauer Eck
Blomberg-Haus 1203
Wackers-
Zachschuster

Kurpark und Kurhaus in Bad Tölz.

vor wir die **Blombergbahn** 03 erreichen. Wir bleiben weiter auf dem asphaltierten Radweg links der Straße, der uns recht schattig immer leicht abfallend an den Ortseingang von **Bad Tölz** 04 führt.

Hier treffen wir – gegenüber dem Gasthaus Altes Zollhaus – auf eine große Infotafel zum B-K-Radweg und zum Isarradweg. Hier ist auch eine Variante des B-K-Radwegs Richtung Tegernsee/Holzkirchen eingezeichnet. Wir folgen dem Fuß-/Radweg neben der Straße, bis rechts die Ludwigstraße abzweigt. Sie bringt uns vorbei an Kurhaus und Kurpark und durch eine Fußgängerzone (für Radler erlaubt) am Alpamare vorbei direkt zur Tourist-Info. Dort biegen wir links ab in die Badstraße, fahren abwärts zur Isar und überqueren den Fluss über die große Brücke. Auf der anderen Seite schieben wir das Rad die Marktstraße hoch (in dieser Fußgängerzone ist auch das Radfahren nicht erlaubt!), bis rechts die

schmale Klammergasse abzweigt (B-K-Schild). Über den Jungmayrplatz und die Konradgasse gelangen wir in die Krankenhausstraße. Wir fahren vor bis zur Vorfahrtsstraße (Karwendelstraße), halten uns links und unterqueren die Autobrücke. Kurz geradeaus weiter, dann rechts in den Zwieselweg einbiegen und diesem durch das Wohngebiet folgen. Über Brauneck- und

Die imposante Marktstraße in Bad Tölz.

Waakirchen
759
Christlwirt
Heuberg
730
721
Reichersbeuern
712
Salzstraße
Schloss Sigriz
Kirchberg
733
Greiling
706
13
472
763
Frauenreit
Mühlweiher
Urschenthal
Riedern
Eder
Moosbach
Moosrain
Hauser-dörfl
307
318
Sarreit
Praßberg
Keilsried
Festenbach
Jennerwein
729
732
Gallyweiher
Georgenried
790
Finsterwald
772
Mülldeponie
Naturdenkmal
Siedlung Steinbergstraße
Große Gaißbach
800
Steinberg
Ackerberg
879
856
Maria Himmelfahrt
Marienstein
807
Irenenkapelle
Kaltenbrunn
Heimatmuseum
06
07
833
87
Vorberg
Schoberesbrunnen
318
Kaltenbrunn
82
Holz
Deutsche Alpenstr.
Tegernsee
Reit
Gefällberg
1214

Bad Tölz, am unteren Ende der Marktstraße (Fußgängerzone)

Birkkarstraße stoßen wir auf die Blombergstraße, mit der wir rechts abbiegen und das Ortsendeschild von Bad Tölz passieren.

Bad Tölz – Gmund / 18 km / 1:50 Std.

Wir fahren vor bis zur Bundesstraße (Tölzer Straße) und folgen ihr auf dem Radweg an einem Bach entlang nach links bis zur Abzweigung links nach Gaißach. Kurz darauf stoßen wir im Ortsteil **Untergries** auf eine Verzweigung, das B-K-Radschild weist uns links den Weg nach **Gaißach-Mühle** 05 mit 1 km. Wir unterqueren die Eisenbahn und fahren durch den Ort bis die Sonnwiesstraße einen weiten Linksbogen macht, direkt beim Gasthaus Zur Mühle.

Gegenüber dem Gasthaus biegen wir rechts in die Ostfeldstraße, der wir in einem Rechtsbogen folgen. Nach den letzten Häusern und in einer Rechtskurve verlassen wir das flache Sträßchen

Dürnbach
Louisenthal
85
Buchleiten
Gmund
am Tegernsee
740
08
Heimat-
museum
Stadtplan S. 88
Osterberg
Ostin
09
Schwärzenbach
864
762
Eck
Deutsche Alpenstraße
800
754
Schuß
Ostiner Stuben
Oedbergalm
Oed
Gasse
Am
See
Berg
Wallenburger Kogel
936
Gschwendt
Freudenreich
813
Moosrain
Tratberg
Hausham
10
766
906
Motocross
921
Brentenspitz
Altenberg
Pürstling
Kalkgraben
Abwinkl
Huberbauern
Alm
Unterrißhof
Huberspitz-
haus
Huberspitz
1052
Gindelalmstraße
Gaßler Berg
1180
Oeder Kogel
1135
Schußkogel
1134
Rainer Berg
1169
Breitenbach
Milchhäusl
840
Neureut-Haus
1263
Sankt Quirin
728
Ostiner Berg
1177
1200
Auerberg
1242
Gindelalmschneid
1335
Gindelalm
1242
1000
Krainsberg
Krainsbergkogel
(777)
Schliersee
89
1042
1288
307
Badepark
Tegernsee
TEGERNSEE

Gaißach-Mühle, an der Abzweigung beim Gasthaus.

(rechts ist auch noch ein Parkplatz mit 1 km ausgeschildert), halten uns links und folgen dem Radzeichen sowie der Ausschilderung Filzenrundweg – ein nur für Land- und Forstwirtschaften und auf 3 t beschränkter freier Weg.

Ab hier hört der Asphalt auf, der Weg ist nun gekiest. An einer großen Scheune rechts halten, immer noch dem Schild Filzenrundweg folgen. Wir stoßen auf eine Radverzweigung, links ist

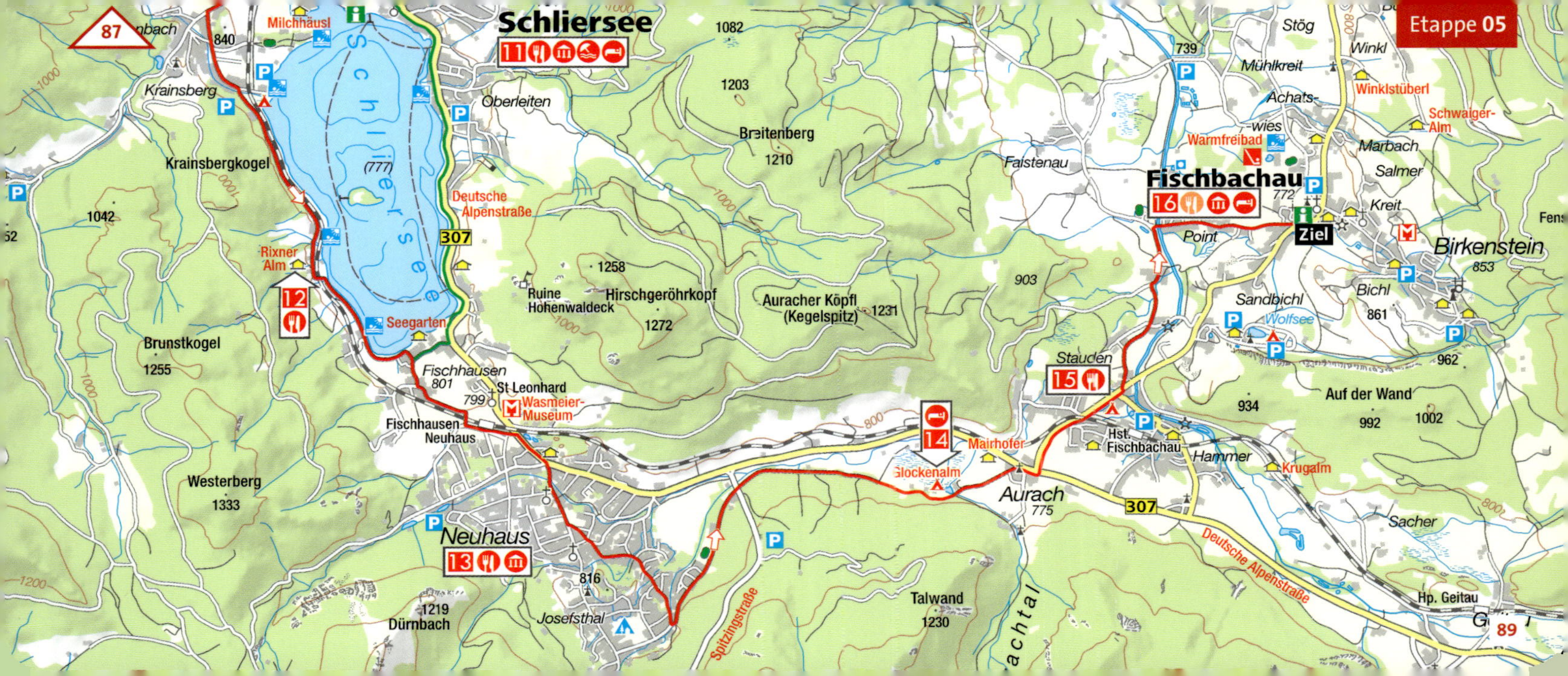
87
Krainsberg
Milchhäusl
840
Schliersee
11
1082
1203
Oberleiten
Breitenberg
1210
Krainsbergkogel
(777)
Schliersee
Deutsche Alpenstraße
307
1042
Rixner Alm
12
Seegarten
1258
Ruine Hohenwaldeck
Hirschgeröhrkopf
1272
Auracher Köpfl (Kegelspitz)
1231
Brunstkogel
1255
Fischhausen
801
St Leonhard
799
Wasmeier-Museum
Fischhausen-Neuhaus
Westerberg
1333
Neuhaus
13
816
1219
Dürnbach
Josefsthal
Spitzingstraße
14
Mairhofer
Glockenalm
Aurach
775
Talwand
1230
Stög
739
Winkl
Mühlkreit
Winklstüberl
Achats-wies
Schwaiger-Alm
Warmfreibad
Marbach
Salmer
Faistenau
Fischbachau
16
772
Kreit
Ziel
Point
Birkenstein
853
903
Bichl
Sandbichl
Wolfsee
861
Stauden
15
962
934
Auf der Wand
992
1002
Hst. Fischbachau
Hammer
Krugalm
307
Sacher
Deutsche Alpenstraße
Hp. Geitau
89

Greiling-Marienstein ausgeschildert. Gut 500 m später tauchen wir in Wald ein und der bisher flache Weg steigt spürbar an. Anschließend geht es steil runter und aus dem Wald heraus. Bevor wir den nächsten Wald erreichen, biegen wir rechts ab und fahren am Waldrand parallel an einem Bach (Gaißach) entlang. Wir passieren die Ausschilderung zum Bachkapellenhof (Greiling), folgen aber weiter dem schattigen Bachlauf. Bei der nächsten Wegkreuzung ist links Marienstein ausgeschildert und gleich darauf überqueren wir auf einer Holzbrücke die Gaißach. Auf den nächsten 2 km überqueren wir die Gaißach weitere zweimal auf dem bis hierher nur moderat ansteigenden Weg. Nach einem knackigen kurzen und schattigen Anstieg trifft man wieder auf eine Radwegeverzweigung. Links ist Reichersbeuern, rechts ist Marienstein ausgeschildert. Es geht jetzt leicht bergab und wir erreichen – wieder auf Asphalt – **Marienstein** **06** . Auf der Hauptstraße durchqueren wir den Ort, bis rechts der Kirchenweg abzweigt und der B-K-Radweg sowie der Golfplatz Margarethenhof ausgeschildert sind.

Es folgt nun, auf einem wenig befahrenen Sträßchen, ein recht steiler Kilometer, der aber durch schattigen Wald führt und dank der Kehren die Steigung erträglich macht. Am **Golfplatz** oben angekommen bietet sich ein schöner Rundumblick. Vor dem Golfhotel links dem Schild folgen und flott bergab auf die Häuser von **Steinberg** zu. Der Weg war 2012 im Bau und teilweise gekiest, gepflastert und zuletzt wieder betoniert. Am Ende der Häuser scharf rechts auf einem asphaltierten Sträßchen zunächst Richtung Finsterwald, dann Richtung Holzer Alm. Auf dem Hainznhöheweg passieren wir die Abzweigung rechts zur **Irenenkapelle** **07** (Abstecher nur wenige Meter), fahren geradesaus weiter, folgen dann nicht dem Buchbergweg, sondern halten uns links. Beim Ortsteil **Holz** bie-

Die schmucke kleine Irenenkapelle.

gen wir scharf links ab und radeln mit schönem Blick auf den Tegernsee abwärts zur Bundesstraße 318 (Münchner Straße).

Wir überqueren sie und fahren auf dem Radweg nach links Richtung **Gmund** 08. Am Bahnhof vorbei stoßen wir auf die B 307 (Tegernseer Straße), schwenken rechts und überqueren kurz darauf die Mangfall. Vorbei am Heimatmuseum (rechts) und der Kirche (links), biegen wir beim verfallenen Gasthof Herzog Maximilian links ab und radeln bergauf Richtung Friedhof. Der Weg ist als Tegernseer Höhenweg ausgeschildert. Nach einem kurzen, aber recht steilen Stück halten wir uns vor dem Friedhof rechts, am Ortsendeschild von Gmund.

Gmund – Schliersee / 12 km / 1:10 Std.

Auf der nun wieder flachen Gasslerstraße unterqueren wir die Schlierseer Straße, passsieren ein

Gmund: Blick auf den Tegernsee und den kleinen Gmunder Hafen.

Sommerrodelbahn Oedbergalm.

paar Häuser (Weiler Gasse) und halten uns am Ortsende links. Der asphaltierte Weg fällt dann etwas ab und bei der nächsten Wegeverzweigung halten wir uns rechts (B-K-Schild) Richtung Hausham/Schliersee. In Sichtweite vor uns verläuft die Autostraße. Bald erreichen wir – zuletzt durch eine schöne Baumallee – die **Oedbergalm** 09, mit Sommerrodelbahn und Gasthaus.

Nach der Oedbergalm geht es nach ein paar Meter links in einen unbefestigten Feldweg und es folgt ein Schild, das der eine oder andere Radler sicher ernst nehmen wird: „Schwieriger Streckenabschnitt. Radfahrer mit Gepäck hier evtl. absteigen".

Es folgen ein paar schmale Meter, es geht über eine Brücke und rechts wieder in einen breiten sonnigen Feldweg, der über Wiesen führt und ordentlich ansteigt. Bei einem Hof mit großer Infotafel über die Tegernseer und Schlierseer Radwege ist der Scheitelpunkt erreicht und es geht nun flott bergab. Bei der nächsten Verzweigung, links geht es zur Staatsstraße nach Gmund, bleiben wir rechts auf dem Naturweg, überqueren einen Bach und radeln auf dem flacher werdenden Weg weiter. Der Weg taucht in den schattigen Wald ein, wird nun aber zunehmend steiler, bis rechts ein schöner überdachter Rastplatz auftaucht (hier ist auch der Alpengasthof Glückauf in Hausham ausgeschildert). Anschließend geht es wieder flott bergab und wir stoßen auf eine Forststraße, der wir nach

Ein überdachter Rastplatz erwartet uns am Scheitelpunkt nach einem der vielen Anstiege.

Kleine Kapelle bei der Abfahrt Richtung Hausham.

links folgen, weiter bergab fahrend. Nach einem flacheren Stück geht es nochmals steiler bergab, über ein Zubringersträßchen zu einem Hof hinüber und weiter bergauf-bergab. Schließlich stoßen wir wieder auf Häuser, auf Asphalt und auf ein schönes Kirchlein auf der rechten Seite. Weiter bergab bis zur Vorfahrtsstraße, dort links der Nagelbachstraße folgen bis zur Tegernseer Straße vor. Der B-K-Radweg verläuft rechts, parallel zur Straße, und bringt uns nach **Hausham** 10.

Mit der Schlierachstraße biegen wir rechts ab, passieren den Gasthof Glückauf und fahren bis zur Verzweigung mit der Breitenbachstraße. Hier können wir nach links einen Abstecher nach **Schliersee** 11 machen.

Wir folgen aber der Breitenbachstraße nach rechts, der Weg führt wieder leicht bergauf. Achtung: Bei den nächsten Häusern links in ein

Der alte Förderturm in Hausham erinnert an vergangene Bergwerkszeiten..

asphaltiertes Anliegersträßchen (Westerbergstraße) einbiegen. Kurz vor den Bahngleisen rechts halten, der B-K-Radweg ist über den Parkplatz ausgeschildert.

Wir passieren einen schönen überdachten Parkplatz rechts, einen Übergang zum See über die Bahn gibt es hier aber nicht. Erst 500 m später finden wir einen Fußgängerüberweg zu einem Bade- und Liegeplatz am See. Kurz darauf überqueren wir die Bahn, es geht bergab, direkt ans Seeufer. Rechts befindet sich die **Rixner Alm** 12.

Vorbei an einer ausgeschilderten „Verlobungstanne" am Seeufer linker Hand verlassen wir den See nach rechts, fahren auf Asphalt unter einer Brücke hindurch und durch verstreut liegende Häuser. Wir unterqueren die Bahn und erreichen auf der Wendelsteinstraße den **Bahnhof Fischhausen-Neuhaus** 13 (mit Park+Ride-Parkplatz). Über die Bundesstraße und links über die Bahngleise hinüber ist nach ein paar Meter rechts das von April bis November geöffnete **Bauernhof- und Wintersportmuseum** des ehemaligen Skirennläufers und Olympiasiegers Markus Wasmeier zu besichtigen.

Nur ein Katzensprung vom Radweg entfernt: Das Markus-Wasmeier-Museum in Schliersee-Neuhaus.

Schliersee – Fischbachau / 13 km / 1:10 Std.

Wir biegen aber rechts ab in die Neuhauser Straße, fahren am kleinen Park vorbei und biegen gleich danach halbrechts in die Josefstaler Straße ein. Wir überqueren einen Bach, passieren rechts die katholische Kirche und biegen vor der sichtbaren evangelischen Kirche links ab in die Breitensteinstraße.

Wir durchfahren **Josefstal** mit schönem Blick auf den Wendelstein. Es geht kurz hoch und wieder runter, dann fahren wir an einem Bach entlang bis zu einer Brücke, überqueren sie, halten uns links und folgen der Aurachstraße. Zwischen Häuser und Waldrand passieren wir links einen Sportplatz (mit überdachter Picknickstelle) und Tennisplätze sowie einen großen Parkplatz. Wir überqueren die Vorfahrtsstraße und fahren nun auf einem unbefestigten Radweg weiter direkt in den Wald hinein. Vorbei am **Campingplatz Glockenalm** **14** verlassen wir den Wald – nun wieder mit herrlicher Sicht zum Wendelstein – und stoßen beim Alpengasthaus **Wölflhof** auf die Bundesstraße 307 (Alpenstraße). Kurz rechts, dann die Bundesstraße überqueren und auf den Radweg rechts neben der Auracher Straße einbiegen.

500 m später überqueren wir die Bahngleise und erreichen kurz darauf **Stauden** **15**. Am Ortsende aufpassen: der Radweg führt links über die Autostraße in ein kleines asphaltiertes Sträßchen; rechts von uns ist eine riesige Abraumhalde zu sehen. Wir fahren bis zu einer Wegkreuzung, überqueren nach rechts auf einer Brücke den Bach (Leitzach), lassen Point links liegen und erreichen auf der Lehenpointstraße **Fischbachau** **16**. Beim Klosterstüberl stoßen wir auf die Hauptstraße und den Kirchplatz mit den Kirchen St. Martinsmünster und Mariä Schutz **Ziel**.

Klosterkirche St. Martin in Fischbachau.

AUSFLUGSZIELE / SEHENSWÜRDIGKEITEN & EINKEHRTIPPS

Blombergbahn 03

Eine der längsten Sommerrodelbahnen Europas mit 1286 m Länge, 220 m Höhenunterschied, 41 Schikanen und 17 Steilkurven, geöffnet ca. März bis Anfang November, tgl. ca. 9 bis 16 Uhr (Hauptsaison bis 18 Uhr). Seit Sommer 2008 gibt es eine zweite Sommerrodelbahn, den „Blomberg-Blitz", 730 m lang, 6 Steilkurven, 3 Wellen, 1 Doppelwelle und 2 Jumps bietet die Schienen geführte Alpen-Achterbahn. Sie kann auch bei feuchter Witterung gefahren werden und ist ganzjährig in Betrieb.

Bad Tölz 04

Die durch die TV-Serie „Der Bulle von Tölz" (1996–2009) auch außerhalb Bayerns populär gewordene Stadt ist seit 1969 Heilklimatischer Kurort und darf sich seit 2006 als Moorheilbad bezeichnen. Die erste urkundliche Erwähnung datiert von 1155. Um 1180 entsteht die erste Tölzer Burg und Ende des 13. Jhs. die erste Isarbrücke. Die Flößerei und später der Salzhandel brachten Tölz Wohlstand. Schon 40 Jahre vor Erlass des bayer. Reinheitsgebotes beginnt in Tölz 1476 die Bierbrauerei und Mitte des 17. Jhs. existieren in Tölz 22 Brauereien, die nach München ebenso wie nach Tirol liefern. Durch die Entdeckung von Jodquellen 1846 setzt der Badebetrieb ein und führt zur Verleihung des Titels „Bad", 1906 erhält der Markt Bad Tölz das Stadtrecht.

Marktstraße Sehenswert sind die barocken Patrizierhäusern, die fast alle mit Fassadenmalereien (Lüftlmalerei) versehen sind: **Khanturm** von 1353, die alte **Posthalterei** von 1600, das **Spoorerhaus**, das **Moralthaus** und das **Alte Rathaus** mit Zwiebelturm.

Bietet Einkehr und Spaß: die Oedbergalm.

Im Badeteil der Stadt, westlich der Isarbrücke, steht die größte **Wandelhalle** Europas (110 m lang) und das 1914 errichtete, inmitten eines schön angelegten Kurparks gelegene **Kurhaus**.

Gmund 08

1926 wurde die Gemeinde Ostin amtlich in Gmund am Tegernsee umbenannt. Der Ort ist ein Zentrum der Büttenpapierherstellung in Deutschland, hier wird das Papier für Banknoten und Wertpapiere hergestellt. Auf dem Friedhof von Gmund ist u. a. Ludwig Erhard begraben. Seit 1975 darf sich Gmund „Staatlich anerkannter Erholungsort" nennen. Das ca. 1 km entfernt liegende **Gut Kaltenbrunn** ist denkmalgeschützt und oft Kulisse für Filmdrehs.

Die **Pfarrkirche St. Ägidius** (1688–92 im Barockstil erbaut) ist die älteste Kirche in der Umgebung des Tegernsees; daneben, direkt an der Hauptstraße steht die kleine als Pestkapelle gebaute Maria-Hilf-Kapelle (1634).

Oedbergalm 09

Sommerrodelbahn Oedberg-Flizzer (knapp 1,5 km lang mit gut 150 Höhenmeter und einer Höchstgeschwindigkeit von über 40 km/h), dazu ein gut ausgestatteter Spielplatz mit Kleintier-Streichelzoo und eine ausgezeichnete Hüttengastronomie mit großer Sonnenterrasse machen den beliebten Skiberg auch im Sommer zum gefragten Ausflugsziel.

Hotel Seehaus in Schliersee.

Schliersee 11

Der am gleichnamigen See gelegene Ort gehört mit seinem Ortsteil Spitzingsee zu den beliebtesten Urlaubsregionen Bayerns

Sehenswert u. a. das **Rathaus** (1477 erbaut), das Hotel **Seehaus**, daneben das **Bauerntheater** (beide benannt nach Xaver Terofal, dem Gründer des Schlierseer Bauerntheaters im Jahre 1892, dem ältesten Theater dieser Art), das **Radspielerhaus**, 1474 erstmals erwähnt, ein typisches Wohnhaus der Schlierseer Handwerksfamilien

Das Schlierseer **Heimatmuseum** ist in einem der ältesten Häuser des Ortes untergebracht und stellt das Leben der letzten 500 Jahre anschaulich dar (geöffnet Mai–Okt., Tel. 08026-4397).

Das **Markus Wasmeier Bauernhof- und Wintersportmuseum** ist ein privates Freilichtmuseum, das seit 2007 auf 60.000 m² zehn historische Gebäude mit vier Höfen aus dem Oberland detailgetreu wieder aufbaut und so das bäuerliche Leben des 18. Jahrhunderts veranschaulicht. (Brunnbichl 5, Schliersee-Neuhaus, Tel. 08026-929222, www.wasmeier.de)

St. Leonhardskirche im Schlierseer Ortsteil Neuhaus. Die zwischen 1646–88 erbaute Kirche diente als Vorbild für die Wieskirche und ist jedes Jahr am ersten Sonntag im November Ziel der Leonhardifahrt.

Fischbachau 16

Um 1078/80 erstmals erwähnt, wurde im Jahre 1085 – aber nur für kurze Zeit – ein Benediktinerkloster nach Fischbachau verlegt. Dabei entstand als Klosterkirche die heutige **Pfarrkirche St. Martin**. Sie gilt als älteste romanische Basilika Oberbayerns.

Birkenstein am Fuße des 1622 m hohen Breitensteins ist mit 855 m der höchstgelegene Ortsteil von Fischbachau und ein beliebter Wallfahrtsort. Die **Wallfahrtskapelle Maria Himmelfahrt** wurde 1710 als Loreto-Nachbildung erbaut und besitzt einen schönen Freialtar.

Cafe Winklstüberl, die grandiose Kuchenauswahl rechtfertigt den kleinen Abstecher. (Leitzachtalstr. 68, Tel. 08028-742)

Tourismusinformation siehe ab S. 150
Übernachtungsverzeichnis siehe ab S. 153

Etappe 06 Fischbachau – Bad Feilnbach – Bernau

Abfahrt ins Inntal und den südlichen Chiemgau

55 km	5:00 Std.	419 hm	652 hm	

GPS-Koordinaten / Start
UTM x: 721.250 m
Zone 32 y: 5.298.710 m

Startort: Fischbachau
Start: Fischbachau, Parkplatz beim Klosterstüberl, 770 m
Ziel: Bernau, 537 m
Charakter: Vor Bad Feilnbach einige flotte Bergab-Passagen auf wenig befahrenen Nebenstraßen, dann ruhiges, aussichtsreiches Wiesen-, danach Waldgelände und zum Schluss schöner straßenbegleitender Radweg.
Verkehr: Ruhige Nebensträßchen, nur bei der Auffahrt nach Neubeuern stärkerer Verkehr.

Tipp: Das ehemals schönste Dorf Deutschlands, Neubeuern, lädt zur Rast und zur Besichtigung ein. Vom Schloss hat man einen wunderbaren Ausblick über die Innlandschaft.

Ausflugsziele / Sehenswürdigkeiten & Einkehrtipps siehe S. 112/113

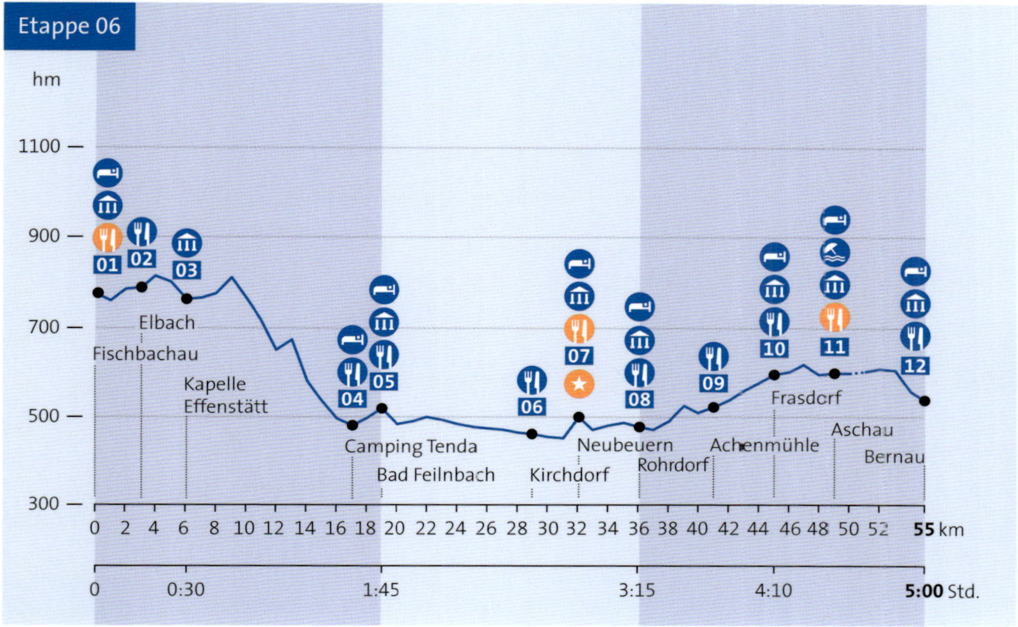

Fischbachau – Bad Feilnbach / 19 km / 1:45 Std.

Start Wir starten am Parkplatz beim Klosterstüberl in **Fischbachau** 01. Nach der großen gelben Kirche biegen wir links in die Badstraße ein, Richtung Fortbildungsstätte Achatswies der Landeshauptstadt München. Wir passieren eine weitere, kleinere Kirche mit Kriegerdenkmal und folgen dem schmalen asphaltierten Sträßchen leicht bergab (Richtung Elbach).

Fischbachau: Friedhofskirche Mariä Schutz.

Etappe 06
Zieglhaus
Grund
Kalten
Ruine
Alten Waldeck
600
Brodhub
Au
507
Paulreuth
Moos-
kapelle
Sinnetsbichl
Hof
Niklasreuth
763
reuth
Auerberg
Rastkapelle
Lippertskirchen
507
Maria
Morgenstern
Moos
liendl
04
Tenda-
park
Reithofpark-
klinik
Alte Zement-
Fabrik
Moosmühle
Sonnenreuth
Effen-
stätt
03
Kapelle
Effenstätt
Bad Feilnbach
521
05
Bichl
Kronwitt
St. Laurentius
Wiechs
498
900
Oppenried
Unteröd
Wörnsmühl
691
Weidach
Jenbach
Stipfing
Gundelsberg
Bindham
Hof
Hausstadt
103
Leitzach
Drachenthal
800
Hof
Unter-
Ober-
-steinach
Weißenbach
Oberbindham
Altofing
Kutterling
Grandau
Deisenried
Hundham
Feilnbacher Berg
Schwarzenberg
Tregleralm
950
Buchbühl

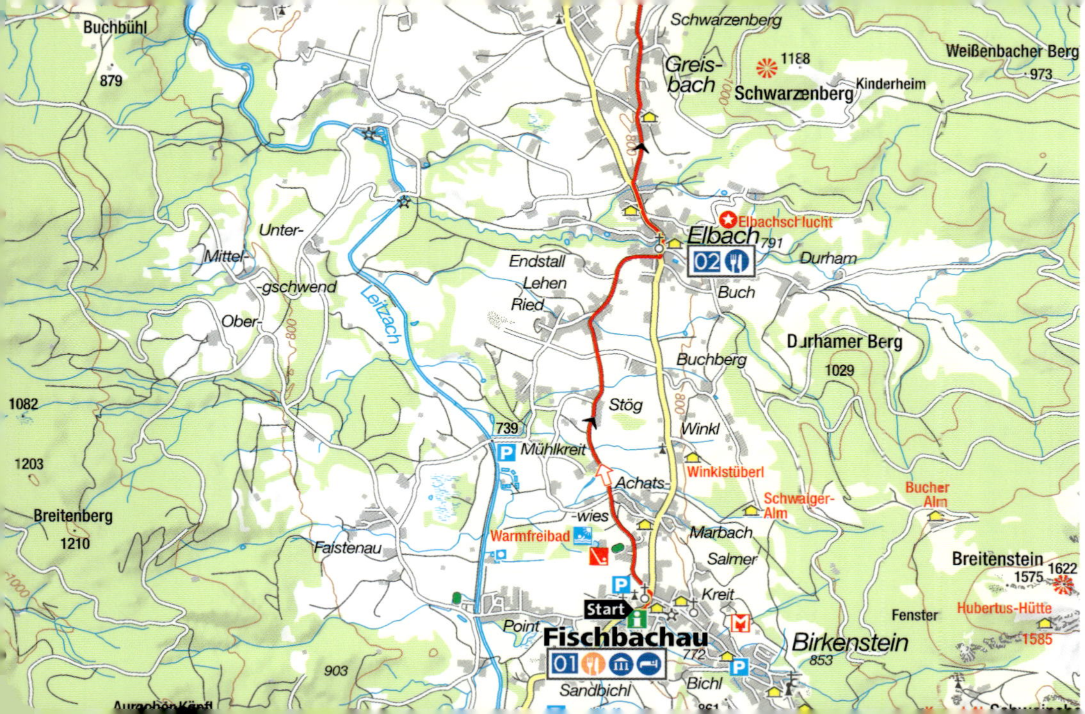

Die Abzweigung links zur Fortbildungsstätte ignorieren wir und bleiben weiter geradeaus; der Weg steigt leicht an, führt aber durch schönes freies Wiesengelände mit großen Einzelhöfen, die links und rechts des Weges auf Anhöhen liegen. Das Sträßchen steigt stärker an, zuletzt ordentlich steil, bis wir die Kuppe beim Hof Stög 3 erreicht haben und es flach weiter geht. Über die Kirchstraße treffen wir beim Gasthof Sonnenkaiser in **Elbach** 02 auf die Vorfahrts-

Vor Elbach.

Elbach.

straße, direkt neben der links stehenden großen Pfarrkirche St. Andreas.

Wir überqueren die Vorfahrtsstraße, halten uns links und passieren Pfarrkirche und Dorflinde auf der St 2077, die uns ein paar Meter bergab bringt, bis wir rechts auf einen schmalen, asphaltierten Radweg einbiegen, der wieder bergauf führt. Links neben der Straße stehen beeindruckend mächtige Bauernhäuser. Am Ortsende schwenken wir rechts ab in die Schwarzenbergstraße, Richtung Gasthof Kirchstiegl, und bis zu diesem steigt der Weg stetig leicht an. Wir folgen weiter dem asphaltierten Sträßchen, das zunächst flacher wird, dann leicht abwärts führt, überqueren eine Fahrstraße und folgen dem Radschild nach Effenstätt. Der Weg ist inzwischen ein breites asphaltiertes Sträßchen geworden und es rollt wunderbar bergab durch Wiesengelände. Nach einem abseits gelegenen Bauernhof passieren wir die **Kapelle Effenstätt** 03 und folgen dem aussichtsreichen Sträßchen durch herrliche Wiesen nach **Sonnenreuth**. Hinter dem Ort biegen wir rechts ab und radeln auf einer kaum befahrenen Straße ein kurzes Stück hoch und folgen der Beschilderung nach **Niklasreuth**. Nach dem Anstieg fahren wir flott bergab in den Ort hinein.

Vor uns liegt die kleine Kapelle Effenstätt.

Etappe 06
100
105
Hochrunstfilze
Torfwerk
Unterer Tännelbach
E60
E45
Moos
Staudach
Holz
Fedenfelden
Raubling
458
Nicklheim
469
Raubling
Neuwöhr
Moosmühle
Moorerlebnis
Sterntaler Filze
Altmoos
Kirchdorf
06
460
Fröschenthal
Altenmarkt
Neubeuern
07
Deutsche
Alpenstraße
Langweid
541
Altenbeuern
474
Hepfengraben
Thalreit
15
Inn
St. Laurentius
Wiechs
498
Spöck
WWK-Inform.-
Zentrum
Ober-
mühl
Blodermühle
Kieswerk
478
569
Reischenhart
464
Langweid
Mooshäusl
Klein-
holzhausen
474
Huben
Aich
Sollach
Hausstadt
Neiderhell
Großholzhausen
557
Nockl
Derndorf
Steinbruck
Reischenharter
Baggerseen
Taigscheid
Steinberg
729
Wasser-
57
Reischenhart
Altofing
Kutterling
Litzldorf
514
Schittwein
Abdecker-
-filze

Wir verlassen Niklasreuth auf der nur schwach befahrenen Straße Richtung Au, durch Wiesen und teilweise schattigen Baumpassagen, anfangs leicht, dann zunehmend stärker bergab. Achtung: Bei **Karrenhub** (Bushaltestelle) nicht infolge der rasanten Abfahrt die Abzweigung nach rechts verpassen! Ein Holzschild weist uns den Weg über ein Hofgelände, führt über einen kurzen unbefestigten Abschnitt, bis wir wieder

Blick über Niklasreuth, während der Abfahrt.

auf ein asphaltiertes Sträßchen treffen. Rechts liegen einzelne Gehöfte, links freies Feld und es geht wieder leicht bergab. Nach einem großen Rechtsbogen passieren wir ein einzelnes Gehöft und treffen wieder auf eine Fahrstraße (Gottschalling). Der B-K-Radweg verläuft rechts neben der Fahrstraße entlang. Nach 20 m überqueren wir diese und folgen der Straße Gottschalling, die von der Fahrstraße wegführt. Wir erreichen das Ortsschild **Au** (bei Bad Aibling) und biegen vor dem Sportgelände rechts ab und folgen dem asphaltierten Weg. Die B-K-Radwegmarkierung leitet über die Brücke hinüber und verläuft dann rechts auf einem unbefestigten Kiesweg. Nach gut 500 m muss man aber auf jeden Fall rechts vom Bach auf dem asphaltierten Weg weiterfahren. Wir stoßen auf den großen **Campingplatz Tenda** 04, der jenseits des Bachs liegt, folgen dem Bachlauf zweimal links und überqueren diesen auf einer Holzbrücke. Nach rechts und weiter dem Bach entlang,

Rathaus Bad Feilnbach.

bis zur nächsten Fahrstraße, aber kurz vorher, dem Mooslindlweg nach links folgen.

Wer hier sofort wieder rechts abbiegt und durch eine Unterführung die Straße unterquert, kann direkt am Fluss entlang, auf Naturboden, bis zu einer Radbrücke fahren, die nach rechts in die nur wenige Minuten entfernte Ortsmitte von **Bad Feilnbach** 05 weist.

Etappe 06
Lauterbach
480
nur Güterverkehr
Rohrdorf
103
Raststätte Samerberg
E52
E60
Gmein
Rohrdorfer Achen
462
Rohrdorf
08
461
Zur Post
Geiging
524
Achenmühle
Schaurain
Höhenmoos
597
Osterkam
616
Hetzenbichl
605
Stelzenberg
598
Ginnerting
Frasdorf
10
105
Frasdorf
Röcka
Höhlenmuseum
Deutsche Alpenstraße
Sisi-Straße
Pfannstiel
605
104
Achenmühle
Achenmühle
09
Winkling
623
107
Sinning
Thalmann
598
Samerberg
103
Deutsche Alpenstraße
Kirchberg
543
Unter-
-eck
562
Luitpoldeiche
Schönblick
Pinswang
Laberg
Ober-
Törwang
700
Gde. Samerberg
Langweid
541
Altenbeuern
474
Geisenkam
Lochen
956
1047
Rettenwand
Thal
814
Weickersing
Steinkirchen
Grainbach
569
Dorfen
Schwarzenberg
1136
105

Bad Feilnbach – Rohrdorf / 17 km / 1:30 Std.

Der Weiterweg folgt dem Mooslindlweg parallel zur Fahrstraße, überquert die Autostraße nach Brannenburg, und verläuft nun auf unbefestigtem Weg weiter. Nach einer scharfen Rechtskurve radeln wir auf schlecht asphaltiertem Untergrund über schönes freies Feld, stoßen wieder auf eine gut asphaltierte Straße, der wir nach rechts folgen. Bei der nächsten Beschilderung links und wir erreichen **Wiechs**.

Bei einer Wegverzweigung (Marterl), links die Kirche, folgen wir dem Radschild auf einem asphaltierten Sträßchen nach links, biegen nach ca. 1 km scharf rechts ab (Richtung Tiroler Hof), halten uns aber 200 m später wieder scharf links und folgen dem Schild Kirchdorf. Das Asphaltsträßchen verläuft im Zick-Zack-Kurs, aber gut markiert, durch schönes freies Wiesengelände nach Kleinholzhausen. Im Ort links halten und der Beschilderung nach. Vor den nächsten Häusern wieder scharf links; anschließend treffen wir auf eine abknickende Vorfahrtsstraße, der wir nach rechts folgen. Kurz darauf die markierte Abzweigung nach links nicht übersehen, die uns nach einem leichten Anstieg über die Autobahn hinüber und dann flott bergab führt. Aber Vorsicht: Nach ca. 500 m, gerade wenn es schön rollt, biegt unser Weg rechts ab und bringt uns über eine kleine Holzbrücke (Schild: Kirchdorf).

Die gut sichtbare Kirche von **Kirchdorf** 06 gibt uns die Orientierung vor. Eine Vorfahrtsstraße wird überquert, dann Bahn und Straße durch eine Unterführung unterquert. Wir fahren vorbei an der Kirche bis zur Hauptstraße (Kufsteiner Straße) vor, folgen ihr kurz links, überqueren aber bei der nächsten Ampel die Straße und halten uns Richtung Neubeuern. Der abgetrennte Radweg ab Ortsende verläuft zunächst rechts, dann links neben der Straße. Ein kurzes Stück fahren wir auf dem Innradweg.

Wir überqueren einen Innarm auf einer Holzbrücke, dann stoßen wir auf die große Innbrücke. Kurz nach der Brücke überqueren wir die Fahrstraße und radeln rechts in ein asphaltiertes Sträßchen (Richtung: Neubeuern-Marktplatz), das an schönen Häusern rechter Hand

Bei Kleinholzhausen.

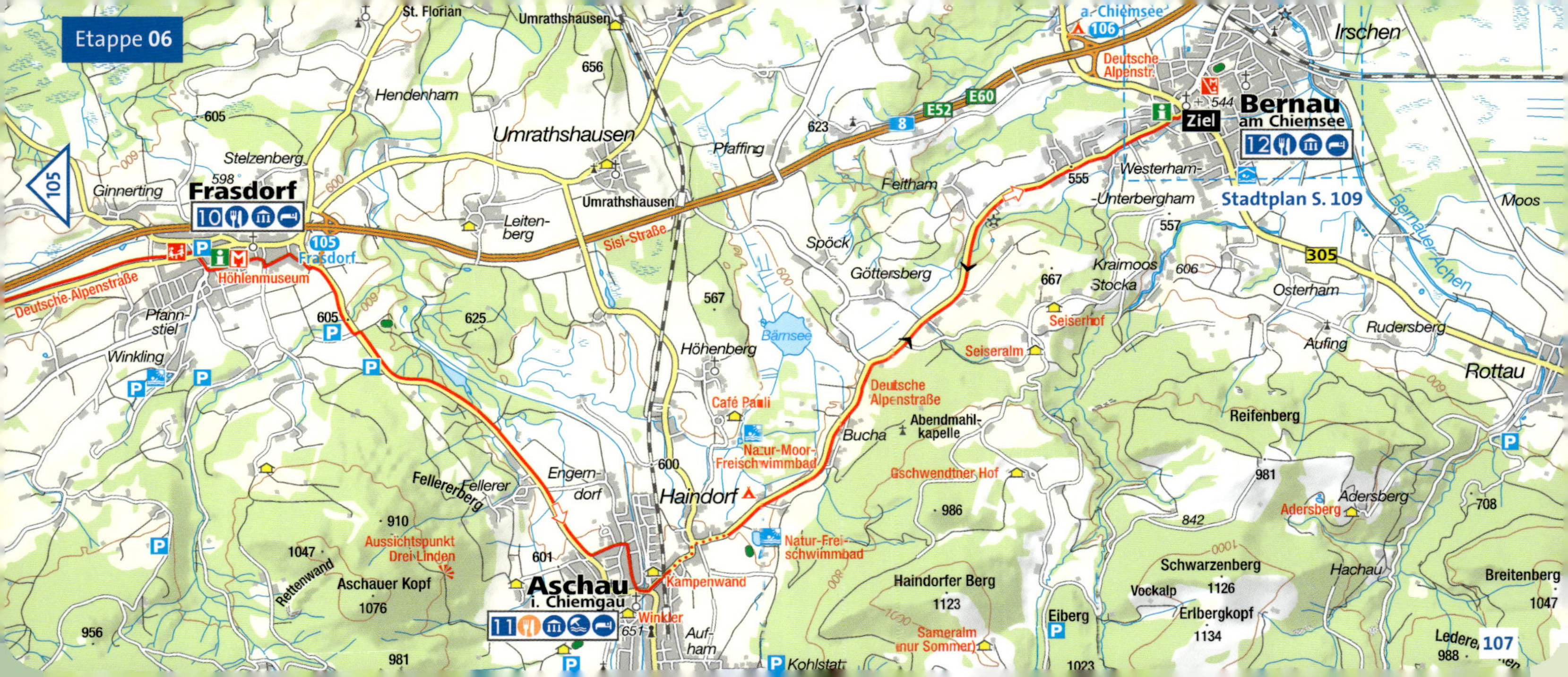
Etappe 06
St. Florian
Umrathshausen
a. Chiemsee
106
Irschen
656
Hendenham
Deutsche Alpenstr.
605
Umrathshausen
Pfaffing
E52
E60
623
8
544
Bernau
am Chiemsee
Ziel
12
Stelzenberg
105
598
Ginnerting
Frasdorf
10
600
Leiten-
berg
Umrathshausen
Feitham
555
Westerham-
Unterbergham
Stadtplan S. 109
Moos
557
Sisi-Straße
Spöck
Kraimoos
606
305
Höhlenmuseum
Frasdorf
Göttersberg
667
Stocka
Osterham
Deutsche-Alpenstraße
Pfann-
stiel
605
625
567
Bärnsee
Seiserhof
Rudersberg
Aufing
Winkling
Höhenberg
Seiseralm
Rottau
Deutsche
Alpenstraße
Café Pauli
Reifenberg
Abendmahl-
kapelle
Bucha
Natur-Moor-
Freischwimmbad
600
Gschwendtner Hof
981
Engern-
dorf
Fellererberg
Fellerer
Haindorf
986
Adersberg
Adersberg
708
910
842
Natur-Frei-
schwimmbad
Aussichtspunkt
Drei Linden
1047
601
Rettenwand
Schwarzenberg
Hachau
Breitenberg
Kampenwand
Haindorfer Berg
Aschauer Kopf
Aschau
i. Chiemgau
Vockalp
1126
1123
1076
Winkler
Erlbergkopf
1047
11
Eiberg
Sameralm
(nur Sommer)
956
651
Auf-
ham
1134
Ledere
988
981
Kohlstatt
1023

vorbeiführt. Links über die Wiesen öffnet sich ein schöner Blick auf die Burganlage über Neubeuern, auf das wir in einem großen Linksbogen zufahren. Wir treffen wieder auf die Fahrstraße und erreichen – nach einem kurzen, knackigen Anstieg auf einer relativ stark befahrenen Straße ohne Radweg – den Marktplatz von **Neubeuern** 07.

Durch den malerischen Ort mit seinen vielen verzierten Häusern unterhalb der Burg hindurch bis zur nächsten Vorfahrtsstraße und auf ihr links weiter. Nochmals ein paar Meter steil hoch, an der Abzweigung zur Burg vorbei und ohne Radweg aus dem Dorf hinaus. Am Ortsende wechseln wir auf den Radweg links neben der Straße.

Wir gelangen nach **Altenbeuern**, rechts am Radelgeschäft Red Bike vorbei, stoßen in der Linkskurve auf das Gasthaus Vormberger und biegen

Am Marktplatz in Neubeuern.

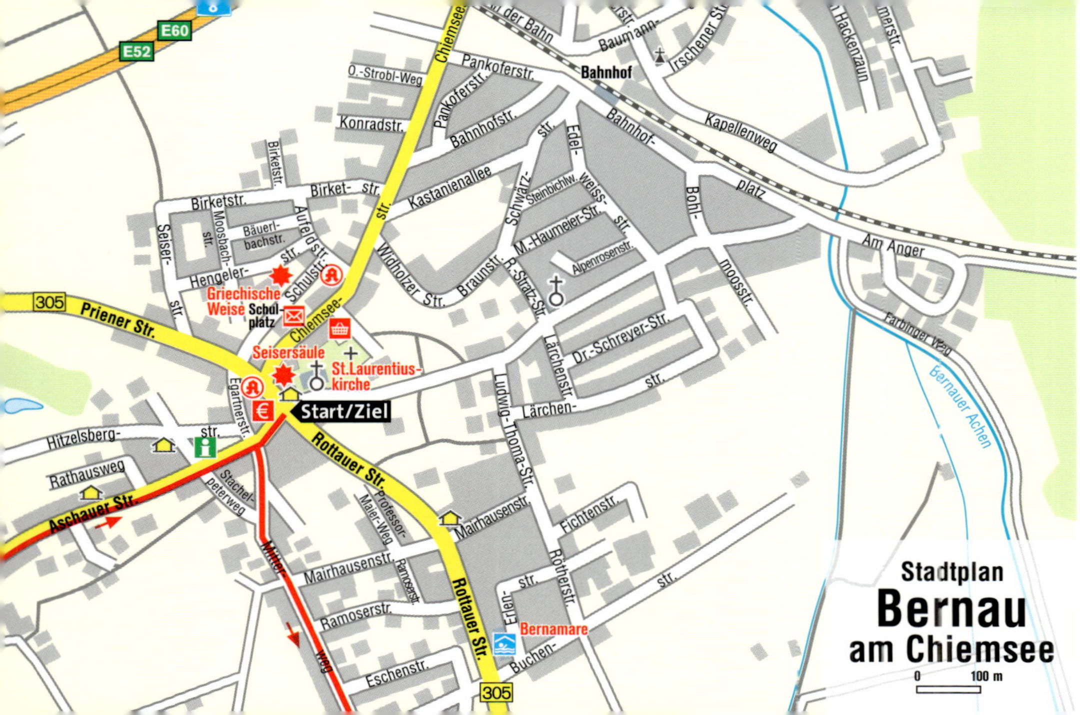

rechts ab in die Eichendorffstraße Richtung Holzham. Sofort wieder links („Am Bürgl") und an der Kirche vorbei nach Pinswang. Der Weg biegt links ab (ein Plattenweg) – vorne ist ein großes Betonwerk zu sehen. Wenig später überqueren wir eine schnell befahrene Vorfahrtsstraße und gelangen kurz darauf zum Ortsschild von **Rohrdorf** 08.

Achentaler Heimathaus in Rohrdorf.

Rohrdorf – Bernau / 19 km / 1:45 Std.

Durch den Ort bis zum Gasthaus Post und zur Abzweigung Bahnhofstraße, dieser nach rechts folgen (Schild: Lauterbach). Es geht ein kurzes Stück recht steil bergab, wir überqueren einen Bach, dann die Bahngleise und biegen unmittelbar danach scharf rechts ab, vor einem Fruchtsaftbetrieb. Der asphaltierte Weg führt an Bahngleisen entlang, zunächst in leichtem Auf und Ab in den Wald hinein. An einem kleinen Wehr vorbei, wo die Gleise enden, verläuft der Weg entlang eines Baches schön eben und schattig gut zwei Kilometer weiter.

Schließlich stoßen wir wieder auf die Fahrstraße, der Radweg verläuft zunächst links, dann rechts von ihr weiter. Nach einer Wegkreuzung weiter auf dem asphaltierten Radweg, nun auch parallel zur Autobahn. Wir passieren die Autobahnauffahrt Salzburg und erreichen **Achenmühle** 09. Den Ort durchqueren wir auf dem Radweg, am Ortsende kurz rechts, dann links weiter auf dem Radweg hinaus in die Wiesenlandschaft und wieder topfeben durch schattigen Wald am links fließenden Bach entlang.

Wenn wir den Wald verlassen, überqueren wir eine Fahrstraße und folgen weiter dem von der Straße durch Büsche getrennten Radweg; links in Sichtweite verläuft die Autobahn.

Wir erreichen **Frasdorf** 10, überqueren am Ortsanfang die Straße (bei der Metzgerei Bauer) und radeln auf der Westerdorfer Straße, bis links der Josef-Perschl-Weg abbiegt. Ein kurzes Stück ist der Weg unbefestigt, dann auf asphaltiertem Wiesenweg und über den Feuerhausweg wieder zur Hauptstraße vor. Auf einem abgetrennten Radstreifen rechts entlang der Straße, bis wir diese unterqueren und auf

Schattiger Radweg zwischen Rohrdorf und Achenmühle.

Aschau: Blick von der Prienbrücke.

der anderen Seite auf schönem Radweg bis nach **Aschau** **11** weiterfahren.

Vor den ersten Häusern scharf links abbiegen und dann rechts in die Rosenstraße, in Richtung Kirche. Links über die Prien, nach der Brücke links ab in die Bernauer Straße. Kurz danach überqueren wir die Bahngleise und erreichen den Ortsteil Haindorf. Hier müssen wir uns mit einem Fuß-Radweg zufrieden geben, der recht schmal und unübersichtlich um Hausecken herum verläuft; auf Fußgänger achten.

Wir verlassen Aschau, das Gelände öffnet sich, rechts liegen schöne Wiesen und wir passieren das Schwimmbad. Von hier aus bietet sich ein schöner Rückblick zur Burg Hohenaschau. Ab hier radeln wir wieder auf einem abgetrennten schön zu fahrenden Radweg – auch wenn er anfangs noch etwas schlecht asphaltiert ist. Wir passieren die Abzweigung zur Seiseralm, der Radweg steigt leicht an, bis das Ortsschild von Bernau erreicht ist. Vorbei am Rathaus, am Gasthaus Kampenwand und am Haus des Gastes kommen wir ins Zentrum von **Bernau** **12**, zum Gasthof Alter Wirt und der dahinter liegenden Kirche **Ziel**.

Bernau: Haus des Gastes.

AUSFLUGSZIELE / SEHENSWÜRDIGKEITEN & EINKEHRTIPPS

Bad Feilnbach 05
Als Moorheilbad schon lange bekannt, wurde der Ort 1973 mit dem Zusatz „Bad" prämiert. Heute ist fast das gesamte Gemeindegebiet als Heilkurort anerkannt.

Zum touristischen Angebot von Bad Feilnbach gehört auch der 4-Sterne-**Camping-Park Tenda** 04.

Neubeuern, Aufblick zum Schloss.

Neubeuern 07
1981 wurde Neubeuern zum schönsten Dorf Deutschlands gewählt. Besonders sehenswert ist der Dorfkern mit seinem malerischen Marktplatz, mit Torturm und historischen Häuserfassaden.

Überragt wird der Ort vom **Schloss Neubeuern**, das seit 1925 ein sehr bekanntes Internat beherbergt.

Valuga im Glaserwirt, direkt am Marktplatz (Marktplatz 30), Tel. 08035-1394, www.glaserwirt.de

Rohrdorf 08
Der 788 erstmals urkundlich erwähnte Ort war schon in prähistorischer Zeit besiedelt, wie archäologische Funde, z. B. kunstvoll geschmiedete Bronzeschwerter belegen, die auf ca. 1200 v. Chr. datiert werden.

Achentaler Heimathaus Das denkmalgeschützte alte Bauernhaus wurde mit Originalmöbeln und alten Einrichtungsutensilien ausgestattet und dient heute als Heimathaus, der ehemalige Stallbereich als Vereinsheim für den Trachtenverein. Eine Besonderheit ist die „Holzbibliothek", eine Sammlung verschiedener Holzarten in Buchform.

Frasdorf 10
Vier sehenswerte Kirchen hat Frasdorf zu bieten, außerdem ein Dorf- und Höhlenmuseum.

Schloss Wildenwart liegt oberhalb der Prien und reicht bis ins 12. Jh. zurück. War nach 1918 Fluchtort der bayerischen Königsfamilie und befindet sich heute noch im Privatbesitz der Wittelsbacher.

Aschau 11
Überragt von der Kampenwand (1669 m hoch) und dem über der Prien thronenden **Schloss Hohenaschau** liegt der bekannte Fremdenverkehrsort am Endpunkt der Chiemgaubahn und an der Talstation der Kampenwandbahn.

Residenz Heinz Winkler Wer einmal bei dem am häufigsten mit drei Sternen ausgezeichneten Koch Deutschlands einkehren will, hat hier die Gelegenheit. (Kirchplatz 1, Tel. 08025-17990)

Bernau 12
Der Luftkurort am Südwestufer des Chiemsees liegt eingebettet zwischen Seen-, Moor- und Bergland-

schaften. Funde aus römischer Zeit belegen, dass der Ort vermutlich ein beliebter Erholungsort für Soldaten war, es wurden Grundrisse einer „villa rustica" gefunden, die auf ein römisches Bad hindeuten. Bernau besitzt eine Anlegestelle der Chiemsee-Schifffahrt, von hier aus ist die Herreninsel im Chiemsee direkt erreichbar.

Im Gebäude des ehemaligen und heute unter Denkmalschutz stehenden **Rasthauses am Chiemsee**, der ersten großen Raststätte der Reichsautobahnen (1937 eröffnet), ist heute die Fachklinik Medical-Park Chiemsee untergebracht.

Mitten im Ort, am Kirchplatz unterhalb der **Pfarrkirche St. Laurentius**, steht das **Gasthof Alter Wirt**, ein Einfirstbau mit Eckerker von 1697.

Interessant sind auch die überlebensgroßen **Plastiken** von vier griechischen Denkern im Schulpark (Homer, Aristoteles, Hippokrates und Thukydides).

Tourismusinformation siehe ab S. 150
Übernachtungsverzeichnis siehe ab S. 153

Bernau mit dem Traditionsgasthaus Alter Wirt.

Etappe 07 Bernau – Traunstein – Anger

Vom Chiemsee ins Tal der Traun und den Rupertiwinkel

56 km | 5:00 Std. | 358 hm | 349 hm

GPS-Koordinaten / Start
UTM Zone 33 x: 303.380 m y: 5.296.650 m

Startort: Bernau

Start: Bernau, beim Gasthof Alter Wirt unterhalb der Pfarrkirche St. Laurentius, 537 m

Ziel: Anger, 548 m

Charakter: Überwiegend flach und aussichtsreich zunächst durch Moorlandschaft, dann entlang der Traun und weiter in den südlichen Rupertiwinkel.

Verkehr: Nach Egerndach und Bergen kurzes Stück auf mehr befahrener Straße, sonst Radwege und verkehrsame Nebensträßchen.

Tipp: Das Mammutmuseum in Siegsdorf ist ebenso einen Besuch wert wie die idyllisch gelegene Klosteranlage in Höglwörth, die auch mit einem netten Biergarten aufwartet.

Ausflugsziele / Sehenswürdigkeiten & Einkehrtipps siehe S. 130/131

Übersicht

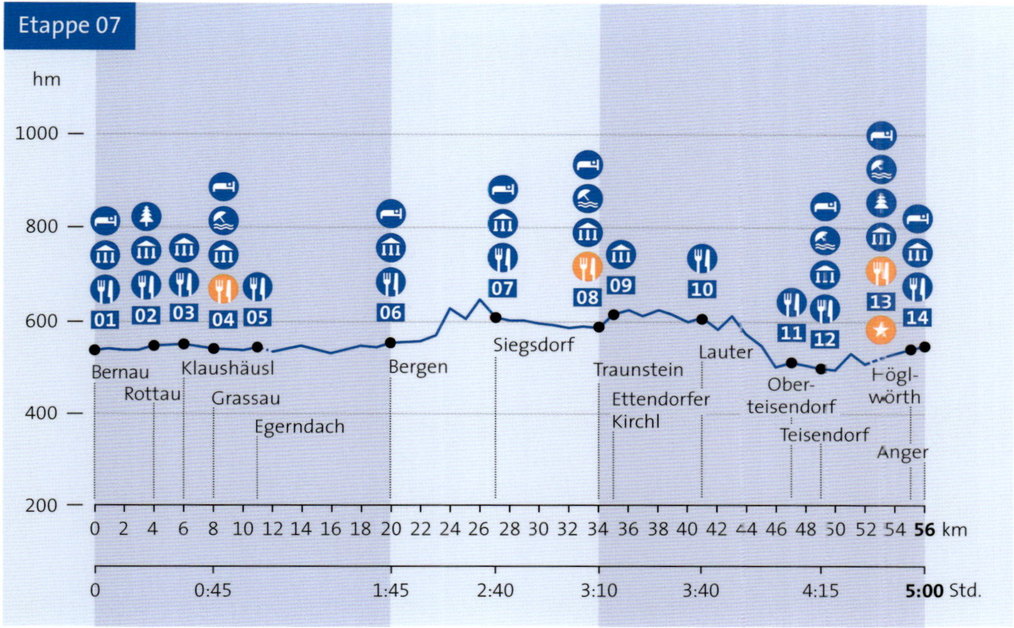

Bernau – Bergen / 20 km / 1:45 Std.

Start Wir starten in der Ortsmitte von **Bernau** 01 bei der Kirche, überqueren die Hauptstraße und biegen links in den Mitterweg ab, fahren vor, bis die Kreuzstraße links abbiegt und stoßen auf die Bundesstraße. Auf dem Radweg rechts der B 305 gelangen wir nach **Rottau** 02. Ohne Radweg durch den Ort. Am Ortsende wieder auf dem asphaltierten Radweg rechts neben der Straße. In leichtem Auf und Ab passieren wir den Ortsteil Grießenbach und erreichen kurz darauf das Museum „Salz und Moor“ (**Brunnhaus Klaushäusl** 03), mit großem Parkplatz und Museumscafe.

Weiter auf dem getrennten und parallel zur Straße verlaufenden Radweg nach **Grassau** 04. Auf einem Fuß-/Radweg-Trottoir in den Ort hinein auf die Kirche zu.

Klaushäusl: Museum und Einkehrmöglichkeit direkt am Weg.

Hier gibt es zwei Möglichkeiten: Entweder der Hauptstraße (Bahnhofstraße) folgen und auf der relativ viel befahrenen Straße auf dem Trottoir durch den Ort bis wir wieder auf den Radweg treffen oder wir biegen bei der Rechtskurve der Straße (beim Hotel Hansbeck) links in den Birkenweg ab und folgen der Kramerstraße und dem Eichelreuthweg, bis wir kurz vor der Tiroler Achenbrücke auf den Radweg treffen.

Nach der Brücke biegen wir sofort links in die Weidacher Straße ein, die uns in einem großen Rechtsbogen um Staudach herum und nach **Egerndach** 05 führt. Wir halten auf die Kirche zu, die wir links liegen lassen und radeln auf dem Rachlweg vor bis zur Hauptstraße.

Zunächst ohne Radweg folgen wir dieser nach links – hier müssen wir auf den Verkehr achten – bis wir auf den straßenbegleitenden Radweg wechseln können. Es geht leicht ansteigend

Stadtplan S. 109
Torbahnhof Rottau
Moor- u. Torfmuseum
Buchberg
Hocherlach
Vorderbichl
Oster-
Start
544
Bernau am Chiemsee
01
Westerham-
-Unterbergham
604
Westerbuchberg
Alpenhof
Engelstein
Hinterbichl
Wasen
Almau 529
buchberg
Moos
Filze
Bernauer Achen
557
Kraimoos
305
606
Stocka
Osterham
Mühlberg
Schöne Aussicht
Bachham
Gröben
Reisermann
Mietenkam
531
532
533
Rudersberg
Aufing
Rottau
02
538
Messerschmied
Reifenberg
533
Au
119
531
Unter-
-moosbach
534
Tiroler Achen
Avenhausen
Moosbauer
Grafing
Weiher
Dillsperg
981
Adersberg
842
708
Grießenbach
03
536
Klaus
Ober-
Hindling
Sporthotel Achental
533
Kitzbichl
Museum Salz+Moor
Deutsche Alpenstraße
Grassau
538
Siedlung
Staudach-
Hub
Gastätt
Schwarzenberg
Vockalp
1126
Erlbergkopf
1134
Hachau
Breitenberg
1047
Einöder Berg
918
Steinbruck
Einöde
04
Kucheln
536
Weidach
-Egerndach
05
Aschauer Zipf
1019
988
Ledererrücken
Hefteralm
973
705
568
539
Sperrer
Viehhausen
Reifing
Reit
Café Mühlwinkl
Steinach
598
Hochwandl
1011
Zeppelinhöhe
Lindenkapelle
Reifinger See
Nußbaum
Schnappen
Staudachdenkmal

Die hoch gelegene Schnappenkirche von Grassau aus.

zum Ortsteil **Avenhausen**, sonnig und schön durch Wiesengelände. Es wird wieder flacher, wir passieren den Ortsteil **Bayern** und radeln in leichtem Auf und Ab weiter zum Ortsteil **Klaus**. An einem Tümpel (rechts) vorbei, leicht abwärts zum Ortsteil **Geißing** und schließlich begrüßt uns der Luftkurort **Bergen** 06 mit einer kleinen weißen Kapelle rechts neben Straße.

Bergen – Traunstein / 14 km / 1:25 Std.

Wir bleiben auf dem Radweg links der Straße und es zieht sich noch ein Stück bis zum eigentlichen Ortsschild. Die Autostraße umfährt Bergen rechts in einem großen Bogen, der Radweg biegt bei der Abfahrt nach Hausen links ab und folgt der Straße bis zur Abzweigung links nach Bad Adelholzen.

Hier endet der Radweg und wir fahren auf der Straße weiter, durch Wald und zunächst nur

Bergen, Kirche.

Etappe 07
Raststätte Hochfelln
Hst.Bergen
Enthal
Bernhaupten
599
Untersiegsdorf
612
596
704
07
524
559
554
542
Ramberg
Schellenberg
623
Kronberg
Sonnenleiten
Bergen
553
06
Ramberg
671
Oed
Hilzing
626
Auli
710
Alzinger Alm
Alzing
Ober-
Bichl
Höpfling
732
121
Oster-
buchberg
598
Weißachen
Eisenhammer
Gries
Hausen
Haslach
573
Schmidwald
Kühleiten
Dafeicht
Lohmann
750
Wiesen
-Scharam
Unter-
Ober-
532
553
Pletschach
542
Anger
Museum Blauer Anger
Eisenärzt
Fürstberg
Pattenberg
Maximilianshütte
Museum Maxhütte (Maximilianshütte)
Mühlwinkl
Steinzeitdorf
Maria Eck
882
ehem.Soleleitung
Pattenberg
826
771
Grabenhaust
Einfang
Hammerberg
Hörgering
531
Avenhausen
Straßenberg
117
Dillsperg
bichl
786
970
Engelstein
Endweg
Mühlalpkopf
1061
Gastag
793
Gschwendkopf
716

Etappe 07
TRAUNSTEIN
Stadtplan S. 124
Surberg
Lauter
Hufschlag
Ettendorfer Kirchl
Spielzeugmus.
Traunsteiner Hof
Katzenmus.
Bad Empfing
Wolkersdorf
Traunstorf
Weg-scheid
Unter-heid
Ober-Haslach
Irlberg
Einham
Axdorf
Seibolds-
Ettendorf
Trenk-moos
Hallabruck
Thann
Lappen
Straß
Oed
Thunstetten
Vachen-lug
Hinterleiten
Thannreit
Gamm
Sparz
Unter-sölln
Ober-
Buchfelln
Buchbichl
Au
Surtal
Schönau
Pfarrhof
Leiten
Diesen-bach
Thalhausen
Quirn
Wiesen
Gastag
Stölln
Klein-Lohen
Schineck
Thal
Kendler
Groß-rückstetten
Reut
Kapell
Fuchsreut
Hunkling
Burghartsöd
Wüstenreit
Lacken
Hofholz
Hütt
Fritzen-weng
Neuwimm
Brunnstadt
Hirschau
Zell
Schnatzlreut
Maria Tann
Huber in der Zel
Traun
304
306
08
09
10
126
603
572
613
598
606
629
616
612
622
637
641
654
651
664
615
590
656
597
603
428
606
621
671
706
626
585
605

leicht, dann immer stärker ansteigend. Oben erreichen wir **Bad Adelholzen** und die gleichnamige Mineralwasserfirma; über dem Firmenparkplatz thront rechts oben das Kurhaus.

Bergab radeln wir auf der Straße weiter, bis ab dem Ortsteil **Thalham** links der Straße ein Radweg beginnt. Wir folgen ihm aber nur ein kurzes Stück, denn bald darauf überqueren wir die

Bad Adelholzen, Kurhaus.

Siegsdorf, Mammutmuseum.

Straße und folgen der Radmarkierung nach rechts in einen asphaltierten landwirtschaftlichen Weg.

Der wunderschön sonnige Weg verläuft in stetem Auf und Ab durch herrliches Wiesengelände. Unterwegs passieren wir ein Schild, das den Radfahrer darauf hinweist, dass er verbilligten Eintritt ins Mammutmuseum hat.

Bei den ersten Häusern von **Siegsdorf** 07 geht es dann flott bergab und in einer Links-Rechts-Kombination folgen wir dem Salzach-Schild. Es geht bei einer Vorfahrtsstraße wieder rechts und nochmals bergab. Vorsicht: vor der Kurve links abbiegen und an der Traun entlangfahren. Wir folgen der Traunfeldstraße entlang der Traun, bis wir auf eine schmale Holz-Stahl-Brücke stoßen. Nach links ist der B-K-Radweg ausgeschildert. Rechts über die Brücke geht es zur Tourist-Info, nach Eisenärzt und Ruhpolding.

Der B-K-Radweg biegt aber – nachdem wir links der Beschilderung gefolgt sind – sofort wieder rechts ab in den Schwimmbadweg. Wir überqueren die Bahngleise, unterqueren eine Straßenbrücke und zwischen Schwimmbad (links) und Traun (rechts) fahren wir vor bis zu einer schmalen Brücke. Wir bleiben links der Traun, ab hier ist der Radweg nicht mehr asphaltiert, und passieren kurz darauf ein kleines Wehr. Der gekieste Weg ist gut zu fahren, führt schön an

Auf dem Stadtplatz in Traunstein.

Bäumen entlang und bietet immer wieder Zugang zum Fluss. Links öffnen sich die Wiesen und bald radeln wir an Gleisen entlang. Wir passieren eine Bahn-Bedarfshaltestelle, unterqueren eine Stahlbrücke und nach einer sehr schönen Passage durch hohe Bäume gelangen wir zu einer überdachten Brücke, von links kommt ein Zufluss zur Traun, die immer noch rechts von uns fließt. Wenig später passieren wir die markant geschwungene Brücke, die hinüber zum Schwimmbad und zum Kletterturm von **Traunstein** 08 führt. Der Weg ist ab jetzt teilweise asphaltiert, aber immer noch recht kiesig.

Der Traunsteiner Planetenweg informiert uns.

200 m später überqueren wir den Zufluss über eine kleine Holzbrücke und folgen weiter der Traun. Nach dem Kiesweg folgt eine Unterquerung unter einer Brücke hindurch, die kurz steil abwärts führt, eng und gepflastert ist und bei Nässe gefährlich sein könnte! Auf Fußgänger achten!

Weiter auf dem gekiesten schmalen Radweg entlang der Traun, erneut unter einer Brücke hindurch; nach links ist für Radler der Bahnhof ausgeschildert. Wir bleiben auf dem Uferweg, der nun flach und schattig auf die nächste Brücke zusteuert. Direkt in der Verlängerung der stählernen Fußgängerbrücke hat man einen schönen Blick auf eine oberhalb liegende Kirche. Kurz darauf überqueren wir den Kanal links und folgen weiter dem Fluss rechter Hand. Wir befinden uns hier auf dem Traunsteiner Planetenweg, der mit etlichen Infotafeln ausgestattet

Das Ettendorfer Kirchl.

ist. Wir unterqueren eine große Fahrstraße, bleiben weiter auf dem gekiesten Radweg bis zur nächsten Brücke, die wir dann nach rechts überqueren und in den Ettendorfer Weg einbiegen. (Geradeaus ist der Traun-Alz-Radweg ausgeschildert.)

Traunstein – Anger / 22 km / 1:50 Std.

Knapp 200 m später stoßen wir auf die Vorfahrtsstraße und knicken scharf rechts ab. Wir

Landidylle auf dem Weg nach Oberteisendorf.

folgen der steil werdenden Straße ohne Radweg nach **Ettendorf** hinauf. Oben sofort links unter der Brücke hindurch, in die Georgistraße. Rechts ist das imposante **Ettendorfer Kirchl** 09 gut zu sehen. Wir umfahren es in einem großen Rechtsbogen und gelangen nach Hufschlag. Es geht nochmals kurz bergauf, dann rollen wir, immer noch auf der Georgistraße, bergab bis

Auf der Ortsstraße durch Teisendorf.

zur Vorfahrtsstraße. In einem kurzen Rechts-Links-Schwenk überqueren wir diese und anschließend ein Betriebsgelände und folgen der Radmarkierung. Bei der nächsten Vorfahrtsstraße halten wir uns rechts, Richtung Lauter, überqueren die Bahngleise und fahren auf der kaum befahrenen Straße ohne Radweg, parallel zu den Bahngleisen. Wir passieren die Abzweigung nach Thunstetten und erreichen – mit wunderschönen Ausblicken auf die vor uns liegenden Berge – die Ortschaft **Lacken**.

Im nächsten Ort, **Lauter** 10, folgen wir der Ortsstraße rechts (Römerstraße), überqueren die Bahn über eine Brücke und halten uns sofort wieder links. Die Surstraße führt leicht abwärts, macht eine Rechtskurve – und hier verlassen wir die Straße, bleiben geradeaus in Richtung Holneich. Es geht leicht aufwärts, wir passieren die Abzweigung nach **Nutz**, eine Radabzweigung nach links und fahren auch am Ortsteil **Thal** vorbei. Auf und ab verläuft das asphaltierte Sträßchen schön sonnig und aussichtsreich durch Wiesengelände. Nach einer stärkeren Abfahrt vorbei an **Gastag** gelangen wir in schattigen Wald und müssen eine kurze steilere Passage bewältigen. Bei der Abzweigung nach **Kleinrückstetten** ist die Höhe erreicht, mit sehr schöner Aussicht.

Vorbei am Brauereigebäude verlassen wir Teisendorf.

Etappe 07
Teisendorf
12
Ober-
teisendorf
11
Rückstetten
Holzhausen
Mehring
Weildorf
Ufering
Hörafing
Bhf. Teisendorf
304
120
Hofholz
Iglgeis
585
Hinterschnaitt
Marxöd
Hunkling
Laming
Ed
626
Groß-
-rückstetten
Bücheln
Lacken
Wolfhausen
Wonnau
Klein-
Stölln
605
Schlinzger
Hof
Vorder-
kapell
Lohen
Schnaitt
Mühwalten
Wagneröd
Grübel
Leiten
Knapper
Spöck
Thalhausen
Starz
Aschau
Feldel
Lohstampf
Kirchsteg
Erlach
Unter-
Ober-
-stetten
Moosham
Solling
Heigelsberg
534
Hainbuch
515
Surspeicher
Endorf
536
Trischlmauer
Luß
Doppel
Wimm
Öd
Oberreuten
514
Wimmern
Oberstarz
Gumperting
Hermlehen
Espannhausen
511
Kletzl
Schelmberg
565
Roidham
Surmühl
519
523
Obermoos
Hochmoos
Schödling
Reisach
501
Eichham
Stötten
Punschernmühle
Oed
Mauthhäusl
Punschern
Arnolding
502
482
Knogl
Seeleiten
Amersberg
Neulend
Warisloh
Linden
Ried
Dechantshof
494
Offenwang
Oberndorf
Malzleiten
Haag
Reut
Stockach
Stöberl
441
Kothbrün
Paradies
Hubm
Spitzer
773
Hochhorn
583
559
Geislehen
Goppling
Schloßried
Hammer
701
Kolberstatt
Klause
Moosen
Grafenberg
Stetten
588
Bach
Sprung
Hausmoning
Wernersbichl
Mühlfelden
Moosleiten
Kumpfmühle
Roßdorf
508
600

An der Abzweigung nach **Großrückstetten** vorbei kommen wir nach Lacken und es geht wieder bergab, dann sogar richtig steil, bevor es wieder ansteigt und wir auf eine abknickende Vorfahrtsstraße treffen, die links nach **Rückstetten** verweist. Der B-K-Radweg ist geradeaus mit 3 km Richtung Teisendorf ausgeschildert. Es geht relativ stark bergab, ein kurzes Stück durch Wald, in den Ortsteil **Kirchsteg** und zur Vorfahrtsstraße beim Gasthaus zum Hofwirt in **Oberteisendorf** 11.

Rechts über der Straße steht das zur Zeit vernachlässigt aussehende Gasthaus Gleiwirt mit einer interessanten Inschrift an der Fassade. Hier ist auch ein Bergbaumuseum ausgeschildert und es gibt eine ganze Reihe schöner alter Bauernhäuser zu sehen.

Wir folgen der Beschilderung links nach Teisendorf und radeln mit Blick auf die weithin sicht-

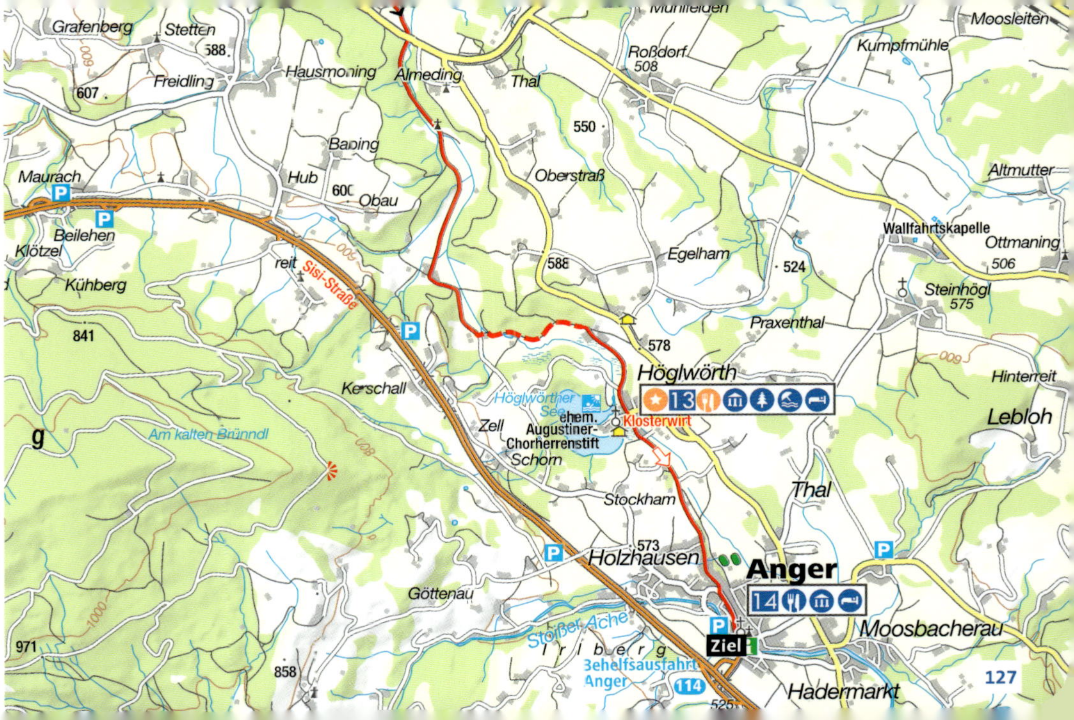

Idyllisch gelegen: Kloster Höglwörth. (Foto: Cosima Metner)

bare Kirche auf einem separaten Radweg rechts parallel zur Autostraße. Wir erreichen den Ortsteil **Obermoos**, unterqueren die Fahrstraße und gelangen über einen Kreisverkehr in die Ortsmitte von **Teisendorf** 12; links ist die Radlerherberge angeschrieben.

Es geht dann leicht bergab und kurz vor dem Friedhof zeigt die Radbeschilderung nach rechts Richtung Schwimmbad (Alte Reichenhaller Straße). Vorbei an der Brauerei Wieninger verlassen wir Teisendorf, passieren den Sportplatz und umfahren das Schwimmbad in einem Linksbogen. Das Teisendorfer Schwimmbad bietet Radlern übrigens freien Eintritt zur Gastronomie!
Es geht kurz in den Wald und ein paar Meter recht steil hoch, dann abwärts und unter einer hohen Straßenbrücke hindurch. Hier biegen wir scharf rechts ab, in einen unbefestigten Kiesweg und halten uns in stetem Auf und Ab am Waldrand entlang, begleitet von einem Bäch-

Anger mit der großen Dorfwiese, die dem Ort den Namen gegeben hat.

lein, das wir überqueren. Kurz bevor wir den Bach erneut überqueren, geht es links an einer kleinen Kapelle vorbei und kurz darauf, bei einem Gasthaus erneut links, wieder am Waldrand entlang. Nachdem wir auf eine Teerstraße treffen, biegen wir in den Mooshäuslweg Richtung Höglwörth ab, wieder unbefestigt im Wald am Bach entlang und leicht aufwärts. Dieser Waldweg ist teils schwer zu befahren, da sehr großzügig mit Kies aufgefüllt.

Kurz bevor wir Kloster und Gasthaus **Höglwörth** 13 erreichen geht es wieder auf Asphalt weiter. Vor dem Klosterwirt rechts und den asphaltierten, für Autos gesperrten Klosterweg entlang. Wir passieren die Ölbergkapelle, kurz vor dem Ortsschild Anger; die letzten Asphaltmeter sind recht steil, bevor wir die ersten Häuser erreichen und schließlich auf die große Wiese mitten in **Anger** 14, gegenüber der Kirche, treffen **Ziel**.

AUSFLUGSZIELE / SEHENSWÜRDIGKEITEN & EINKEHRTIPPS

Rottau 02
Das **Bayerische Moor- und Torfmuseum** ist im Rottauer Torfbahnhof am Rande des **Naturschutzgebietes Kendlmühlfilzen** (Ende Hackenstraße) untergebracht.

Grassau 04
Zur Gemeinde Grassau gehört das seit 1995 zu besichtigende **Technikmuseum Klaushäusl** 03 (Museum Salz & Moor), direkt an der B 305 und am Radweg. Das Klaushäusl, das bis 1958 in Betrieb war, ist die einzige vollständig erhaltene Pumpstation an der historischen Soleleitung nach Rosenheim.

Ristorante da Pino, gute Pizza. (Bahnhofstr. 15, Tel. 08641-6979897)

Bergen 06
Der Luftkurort am Fuße des Hochfelln war einmal einer der industriellen Mittelpunkte des Chiemgaus. Das schon 1562 gegründete Eisenhüttenwerk (seit

Höglwörth.

1824 als **Maxhütte** bezeichnet) gehörte bis zu seiner Schließung 1932 zu den größten Hüttenwerken Süddeutschlands.

2002 wurde in der Maxhütte ein **Museum** eröffnet, das Einblicke in die Historie der Eisengewinnung und das Leben der Hüttenleute bietet.

Siegsdorf 07
Eisenerzbergbau und Salzgewinnung prägten die Gemeinde, in deren Nähe sich der „weiße" und der „rote" Arm zur Traun vereinigen. Die Soleleitung von Reichenhall nach Traunstein führte über Siegsdorf und im Ortsteil Eisenärzt wurde der Rohstoff für die Maxhütte in Bergen gewonnen. 1975 wurde eines der größten Mammutskelette der Welt im Ortsteil Höpfling gefunden und war Anstoß für die Gründung des **Mammutheums** (1991) und des südostbayerischen Naturkunde- und **Mammut-Museums** (1995) in Siegsdorf.

Traunstein 08
Der Hauptort des Chiemgaus wird urkundlich erstmals 1245 erwähnt. Durch den Salzhandel kam die Stadt zu erheblichem Wohlstand. 1704 und 1851 ver-

änderte sich das Stadtbild durch Großbrände grundlegend. 1998 wurde der 1851 abgebrannte Jacklturm wieder neu aufgebaut. Seit 2005 präsentiert sich Traunstein auch als „Vaterstadt" des 2013 zurückgetretenen Papstes Benedikt XVI., der hier seine Jugendjahre verbracht hat.

Traunstein besitzt eine ganze Reihe unterschiedlichster Museen: **Katzenmuseum** (Chiemseestr. 1) mit 6000 Exponaten zum Thema Katze; **Druckereimuseum** (Marienstr. 12) mit Druck- und Satztechniken von Gutenberg bis heute; **Brauereimuseum** (Hofgasse 6–11) mit Führung und Verkostung; **Stadt- und Spielzeugmuseum** (Stadtplatz 2–3) mit über 3500 Exponaten; **Städtische Galerie** und **Kunstraum Klosterkirche** (Ludwigstr. 12) mit Ausstellungen zur zeitgenössischen Kunst und Konzertveranstaltungen und die **Alte Wache** (Stadtplatz 39), ein Ausstellungsraum im Rathaus.

Pasta Arte, ein kleines, aber feines italienisches Restaurant mit frischen Tagesgerichten in gemütlichem Ambiente. (Taubenmarkt 5, Tel. 0861-16262)

Höglwörth 13

Ein Ortsteil der Gemeinde Anger. Auf einer etwas

Traunstein: Lindlbrunnen am Stadtplatz.

über 2 ha großen Halbinsel liegt im Höglwörther See das **Augustinerkloster Höglwörth**, das um 1225 durch Erzbischof Konrad I. von Salzburg gegründet wurde. Das Kloster mit seiner 1675 neu errichteten Rokokokirche ist eine der schönsten Klosteranlagen im östlichen Oberbayern.

Der **Klosterwirt Höglwörth** ist mit seinem großen Biergarten ein beliebtes Ausflugsziel für Radler.

Anger 14

Der Bayernkönig Ludwig I. nannte den schon in der Steinzeit besiedelten Ort „sein schönstes Dorf". Die große Dorfwiese war namensgebend und prägt noch heute das Bild der Gemeinde.

Zur Zeit entsteht auf einer Fläche von 57.000 m² eine Parkanlage, die ein **Spielzeugmuseum** und Ausstellungsräume enthalten wird. Die Privatsammlung von Hans-Peter Porsche, Modellautos und Modelleisenbahnen, wird voraussichtlich 2014 eröffnet werden.

Tourismusinformation siehe ab S. 150
Übernachtungsverzeichnis siehe ab S. 153

Etappe 08 Anger – Bad Reichenhall – Berchtesgaden – Königssee

Auf den Spuren des Salzes Richtung Hochgebirge

40 km	3:45 Std.	359 hm	298 hm

GPS-Koordinaten / Start
UTM Zone 33 x: 339.500 m y: 5.296.650 m

Startort: Anger
Start: Anger, an der Kirche, neben der großen Dorfwiese, 548 m
Ziel: Königssee, 609 m
Charakter: Bis Reichenhall aussichtsreich und flach parallel zur Autobahn, dann durch Wald entlang der Saalach; nach kurzem Steilstück im Wald geht es die Berge im Blick hinunter nach Berchtesgaden und entlang der Königseer Ache leicht hinauf zum Königssee.
Verkehr: Kurze, meist asphaltierte Waldpassagen, sonst durchwegs straßenbegleitende Radwege.

Tipp: In Bad Reichenhall mit der Predigtstuhlbahn auf über 1500 m hoch oder am Königssee mit der Jennerbahn auf 1800 m – Aussicht garantiert!

Ausflugsziele / Sehenswürdigkeiten & Einkehrtipps siehe S. 146/147

Übersicht

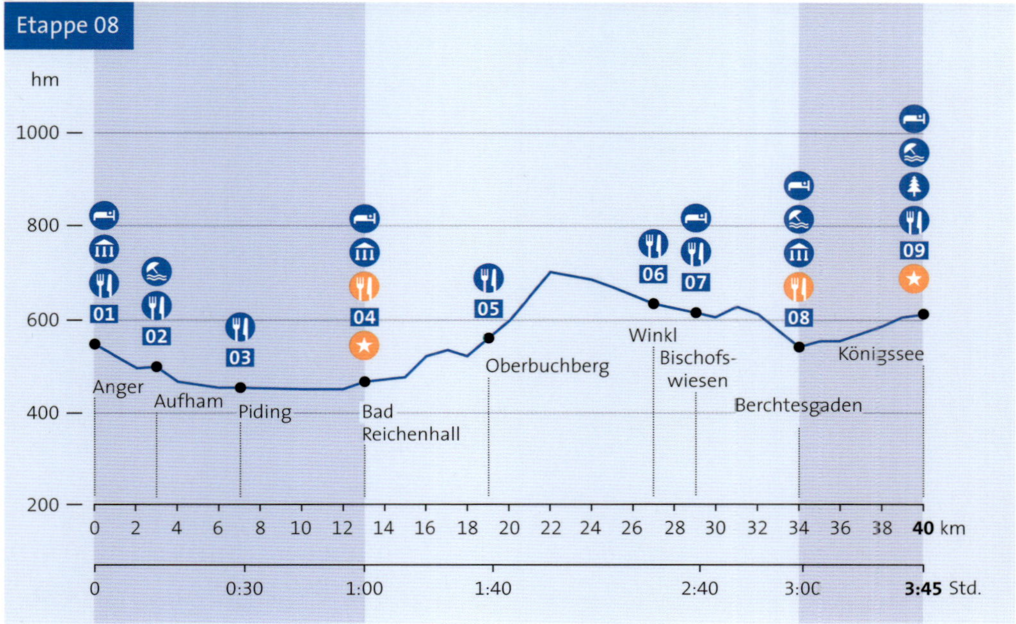

Anger – Bad Reichenhall / 13 km / 1:00 Std.

Start Am großen Dorfplatz in **Anger** 01 starten wir zur Schlussetappe. Rechts an der Kirche vorbei radeln wir auf der Pfaffendorfstraße leicht abwärts, bis scharf rechts in einem 180-Grad-Bogen der Mühlenweg ordentlich bergab führt.

Weithin sichtbar ist die Kirche von Anger.

Wir überqueren die Scheiterstraße und verlassen den Ort Richtung Autobahn, die wir unterqueren und dann rechts in die Angerstraße einbiegen. Wenn sich die Angerstraße wieder der Autobahn nähert, geht rechts ein abgetrennter asphaltierter Radweg Richtung Aufham. Es geht leicht bergab und die flotte Fahrt bietet schöne Ausblicke in die näher kommenden Berge.

In **Aufham** 02 fahren wir vor bis zur Brücke, biegen aber vor ihr links ab in die Dorfstraße; rechts fließt ein kleiner Bach. Vor bis zur Hauptstraße, dort überqueren wir den Bach und halten uns bei der nächsten Ampelanlage links. Wir unterqueren die Autobahn und folgen der Beschilderung nach rechts, zwischen den letzten Häusern hindurch Richtung freies Feld (Achenweg). Links verläuft in Sichtweite die Autobahn, die Strecke ist flach, mit leichter Abwärtstendenz. Über die Autobahn hinweg hat man schöne Ausblicke in die Berge. Wir ignorie-

ren die kleinen Brücken linker Hand, das Sträßchen geht zum Schluss, bei einem linksstehenden Haus, in einen Kiesweg über und biegt etwa 1 km später über eine Holzbrücke scharf links ab, in den Klingerweg. Bei der nächsten Verzweigung rechts und wenige Hundert Meter später links ab in den Innebergweg. Wir fahren wieder auf Häuser zu, überqueren einen Bach und biegen anschließend sofort rechts in den straßen-

Ausblick in die Berge bei Aufham.

begleitenden Radweg ein, rechts fließt wieder ein kleines Bächlein.

Wir erreichen **Piding** 03, unterqueren die Bundesstraße und fahren Richtung Dorfmitte. Vorbei am Tourismusbüro und Kirche halten wir uns nach links, fahren vor bis zur Haindlstraße, dann rechts ab, auf der Lena-Christ-Straße, bis rechts die Abzweigung in einen unbefestigten Rad-/Fußweg übergeht. Wir überqueren die Bahngleise durch eine Barrikade, fahren auf dem unbefestigten Weg am Waldrand entlang, biegen wenige Meter später rechts auf einer Brücke über einen Bach hinüber und anschließend sofort wieder rechts unter der Autobahn hindurch.

Es folgt eine schöne, schattige Waldpassage bis wir auf eine Verzweigung mit Ortsinfo-Tafel treffen, die rechts nach Piding-Dorf ausgeschildert ist. Wir folgen der Radwegmarkierung nach

Saalach.

links und überqueren kurz darauf die Saalach. Direkt nach der Brücke halten wir uns links und folgen dem Dammweg. Wir passieren links einen fast zugewachsenen kleinen Tümpel bis wir zu einer Abzweigung nach rechts gelangen, die zu einem kleinen, idyllisch gelegenen See und einer Brücke führt. Links steht ein Vogelbeobachtungshaus.

Wir überqueren die Brücke und radeln weiter im Wald, unterqueren wieder die Autobahn und stoßen direkt bis zur Saalach vor. Wir unterqueren eine weitere Brücke und passieren anschließend eine Stahlbrücke, die rechts über die Saalach führt. Kurz darauf, bei der nächsten Betonbrücke, gelangen wir zu einer Verzweigung, die rechts zur Reichenhaller Innenstadt und geradeaus Richtung Bad Reichenhall-St.Zeno ausgeschildert ist. Wir fahren die Teisendorfer Straße geradeaus weiter vor bis zur Vorfahrtsstraße, dann über die Gleise, eine kleine Brücke und am Bach entlang und sofort rechts vor der Bosch-Anlage auf einen asphaltierten Fuß-/Radweg. Am Bach entlang, durch ein kleines Wäldchen, bis wir vor einer Brücke scharf links abbiegen. Über die Salzburger Straße gelangen wir an St. Zeno vorbei in die Stadtmitte und in die Fußgängerzone von **Bad Reichenhall** 04.

Bad Reichenhall, Innenstadt.

BAD REICHENHALL
04
Rupertus Therme
Bad Reichenhall
St.Zeno
465
577
Sperrgebiet
135
Klosterhof
Waldeck
PVA-Reha.-Zentrum
Plainberg
664
Königl. Kurhaus
Karlstein
524
Alte Saline Salzmuseum
Bayerisch
Zu Unserer Lieben Frau
Kaiser Karl
634 Ruine Plainberg
693
Etappe 08
Gmain
Haus d.Gastes
Großgmain
Oberbuchberg
Burgruine Karlstein
Stadtplan S. 136
Burg Gruttenstein
552 Streitbühl
Hst.Bayrisch Gmain
Bauerngirgl
Neumeier
Drei-sessel-berg
05
Kirchberg
Kirchberg-Schlössl
Reischlklamm
Schroffen
Knogel 682
Bürgermeisterhörndl
770
Kugelbachalm
Kiblinger Alm
Bildstöcklkapelle
Gmoa Arena
Hochplatte
854
911
Dötzenkopf
1001
780
490
Saalachsee
495
Saalach
644
Schoßwand
1528
Sausende Wand
Ochsenkopf
1780
Mitterberg
1840
1758
Hirschangerkopf
1768
Lattenberg
909
20
800
Spechtenkopf
1285
Teufelssattel
1072
1040
Hallthurm
(nur Betriebsbahnhof)
Achenkopf
1577
Untersberg
Gurrwand
Hotel 1583
1613
Predigtstuhl
Haus Schlegelmulde
Hochseil-garten
Baumgarten
1162
Mittlerer Rotofen
1396
Berchtesgadener Hochthron
1972
Goldbrunnen
Stöhrhaus 1894
Mittagsloc
L A T T E N G E B I R G E
494
E641
1688
1680
Keilkopf
Mottkopf
611

L A T T E N G E B I R G E
Baumgarten
Haus Schlegelmulde
396
Hochthron
1972
Goldbrunnen
Stöhrhaus
1894
Mittagsloc
494
E641
21
20
1688
Hochschlegel
1680
Dreisesselberg
Keilkopf
1602
Mottkopf
1554
765
Schreck
1725
Gemeiner Feuerbichel
1562
800
1738
Karkopf
Steinerne Agnes
1400
Vogelspitz
1287
1263
Steinbergsee
1200
Wssf.
940
Nierntalkopf
1135
Anthauptenalm
Törlkopf
1704
Scheibelkopf
Bannkopf
1658
Almbachwand
Pfaffenkogel
816
Wildfütterung
Nachtwand
Hochmaiskopf
1390
1488
Winkl
06
Kalter Brunnen
Großer-
1604
Knogl
894
Burgstallkopf
903
-Rauher Kopf
1518
Kleiner-
1200
1629
Prechlkopf
1436
640
647
1456
Wildfütterung
1000
Mitterberg
1198
Horn
1496
Kuhbrücke
Moosenkopf
1504
Kalter Brunnen
1662
796
Moosenalm
1405
142
Bischofswiesen
Kastenstein
Loipl
07
1312

Aufgepasst: Die Abzweigung rechts in die Kurstraße und gleich anschließend links in den schmalen Adolf-Bühler-Weg nicht übersehen. Das Radfahren ist in den schönen Parkanlagen erlaubt! Über die Poststraße stoßen wir zum Alten und Neuen Rathaus. Vor dem letzteren geht es links weiter, vorbei an der **Alten Saline** radeln wir vor, bis links die Sebastianigasse abgeht. Der gepflasterte Weg führt in die Peter-und-Paul-Gasse und an einem alten Turm rechts vorbei zur Berchtesgadener Straße.

In Bad Reichenhall passieren wir die Alte Saline.

Bad Reichenhall – Berchtesgaden / 21 km / 2:00 Std.

Bereits wenig später, am Ortsende, biegen wir scharf links ab in die Gmainer Straße und folgen der Markierung „**Schloss Gruttenstein**". Das asphaltierte Sträßchen steigt durch Wiesen ein kurzes Stück recht steil an, vorbei am Schloss bringt es uns zu einer aussichtsreichen Wohngegend mit einem herrlichen Blick über Bad Reichenhall.

Wir folgen der Sonnenstraße bis zur Reichenhaller Straße, der wir rechts folgen. Von hier bieten sich schöne Ausblicke zur Predigtstuhlbahn. Bei einer kleinen Kapelle folgen wir links dem Dötzenweg und gelangen über die Großgmainer Straße flott bergab zum Ortsschild **Großgmain** und zur Abzweigung Weißbachstraße, die vor dem Bach rechts wegführt und als Radweg Richtung Hallthurm ausgeschildert ist.

Der Radweg führt am Schloss Gruttenstein rechts vorbei.

Wir treffen in **Oberbuchberg** 05 wieder auf die Berchtesgadener Straße, folgen ihr kurz links und schwenken dann beim Ortsschild Bayerisch-Gmain rechts ab; auch als Römerstraße markiert. Wir folgen dem Radweg neben der Bundesstraße, in Höhe des Sportgeländes wechseln wir durch eine Unterführung die Straßenseite. Vor der ersten großen Straßenkehre – es ging die letzten Meter stetig leicht bergauf – biegen wir links ab in den Wald hinein. Ein kur-

Der schweißtreibenden Auffahrt in Richtung Hallthurm …

zes Stück bergab, dann steigt der asphaltierte Waldweg fast einen Kilometer lang stark an, Gottseidank schön schattig, und wir erreichen, vorbei an mächtigen Felsen, das obere Ende der Autokehren.

Wir passieren wieder flach neben der Bundesstraße **Hallthurm**, verlassen die von rechts auftauchenden Bahngleise sofort wieder und fahren auf unbefestigtem Kiesweg, dem **Maximiliansreitweg**, zunächst wieder leicht abwärts, dann in leichtem Auf und Ab, bis wir in Höhe von Häusern rechter Hand wieder auf Asphalt treffen. In einem Rechtsbogen fahren wir hinab zu den Bahngleisen, überqueren sie und folgen ihnen nach links. Vor der Reichenhaller Straße folgen wir dem straßenbegleitenden Radweg zwischen Bahn und Bundesstraße, unterqueren die Straße durch einen Tunnel und folgen weiter dem asphaltierten Radweg parallel zur Straße. Der Weg fällt leicht ab und es rollt vorzüglich, auch wenn zwischendurch kurze Passagen nicht asphaltiert sind.

Kurz vor Winkl biegt der Weg scharf links ab, überquert über eine Brücke den Bach und durch eine Barriere die Bahngleise und auch die B 20. Auf der anderen Seite führt ein breiter Radweg weiter entlang der Straße. Mit schönem Blick in die Berge geht es abwärts, an **Winkl** **06** vorbei nach **Bischofswiesen** **07**. Durch eine Unterführung und anschließend eine Straßen-

… folgt die aussichtsreiche Abfahrt Richtung Bischofswiesen.

brücke hindurch kommen wir zum Ortsschild Bischofswiesen, wo der Radweg endet und in ein gepflastertes Trottoir übergeht; erst ab Ortsende Bischofswiesen ist er wieder asphaltiert.

Nach der Umgehungsbrücke kurzzeitig auf der Straße, leicht ansteigend, dann weiter auf dem straßenbegleitenden Radweg durch **Stanggaß** und – nun ordentlich bergab – Richtung Berchtesgaden. Wir radeln direkt in die Ortsmitte, am Kurhaus vorbei und in steilen Kehren bergab zur B 305 und nach links zum großen Kreisverkehr unmittelbar vor dem Bahnhof von **Berchtesgaden** 08.

Berchtesgaden – Königssee / 6 km / 0:45 Std.

Auf der gegenüberliegenden Seite des Kreisverkehrs fahren wir über den Parkplatz und folgen dann dem sandigen Achenweg, entlang dem gleichnamigen Flüsschen. Nach gut 1 km über-

queren wir den Bach und stoßen an eine Verzweigung (Untersteiner Straße). Wir ignorieren die Brücke, die rechts über die Königsseer Ache führt und radeln auf dem gekiesten Rad-/Fußweg geradeaus weiter, vorbei am **Gasthaus Waldstein**. Der schöne breite Weg verläuft direkt am Wasser und bietet neben viel Schatten auch immer wieder schöne Blicke zum Hohen Göll,

Ankunft in Berchtesgaden.

zum Hohen Brett und zum Watzmann. Wir treffen wieder auf Asphalt und eine Verzweigung, ein Schild „Königssee 2 km“ leitet uns nach rechts bis zur Straße vor. Am Biergarten wieder rechts und nach 20 Metern vor der Brücke wieder links. Nun wieder auf Naturboden weiter – nur zwischendurch, bei einigen Häusern ist der Weg kurz asphaltiert. Nach den Häusern rechts ab, links ist die Jennerbahn mit 1 km ausgeschildert. Nach einem kleinen Tunnel, direkt an der Ache entlang, steigt der Weg ein paar Meter steil an und wir haben den riesigen Parkplatz am **Königssee** 09 erreicht.

Wer nicht durch den Ort radeln will, verlässt den Parkplatz gleich wieder nach rechts, fährt am Bach entlang und folgt dem anfangs leicht fallenden Kiesweg, der vorbei an der überdachten Holzbrücke direkt am Ufer entlang zum Hafengelände führt. Geschafft: Wir sind am Ende unserer Radtour angekommen **Ziel**.

Der Königssee – unser Ziel ist erreicht.

AUSFLUGSZIELE / SEHENSWÜRDIGKEITEN & EINKEHRTIPPS

Bad Reichenhall 04

Die 2001 zur Alpenstadt des Jahres prämierte Kurstadt liegt eingebettet von Bergen im Saalachtal und wird seines vergleichsweise milden Klimas wegen auch „Meran des Nordens“ genannt. Die Römer forcierten die lokale Salzgewinnung und fassten die ersten Solequellen. Das Salz wurde bestimmend für die Geschichte der Stadt, die 1323 erstmals urkundlich unter dem Namen Reichenhall erwähnt wurde.

Bad Reichenhall

Sehenswert: Das **Königliche Kurhaus** von 1900, das **Gradierwerk** im Kurgarten (1920), die **Alte Saline**, erbaut 1840–1851, ein Industriedenkmal europäischen Ranges, das **Hotel Axelmannstein** (gilt als die Wiege des Kurwesens, wurde 1846 als erstes Kurhotel der Stadt eröffnet). In der teilweise original erhaltenen Oberen Stadt steht auch der **Peter-und Paul-Turm**, einer der ehemals 14 Wehrtürme. Etwas oberhalb der Stadt erhebt sich **Burg Gruttenstein** (12. Jh.)

Die **Soleleitung** nach Traunstein gilt als „erste Pipeline der Welt“ und die 1928 in Betrieb genommene **Predigtstuhlbahn** als die älteste original erhaltene Großkabinenseilschwebebahn der Welt.

Hünn's Saisonale Küche, für einen Kurort recht günstig in zentraler Lage (Rathausplatz 4)

Berchtesgaden 08

Wegen seiner Sehenswürdigkeiten und seiner Natur-

Für diesen beeindruckenden Blick ist Berchtesgaden weithin bekannt: das Watzmannmassiv.

denkmale gehört Berchtesgaden zu einem der beliebtesten Touristenziele; nach 1945 wurde auch der **Obersalzberg** mit dem **Kehlsteinhaus** – als ehemaliger Führersitz – zu einem Publikumsmagneten für In- und Ausländer. Seit 1999 informiert die **Dokumentation Obersalzberg** die Besucher.

Berchtesgaden ist die kleinste Gemeinde in Deutschland mit einem Hauptbahnhof und war dank seiner landschaftlich beeindruckenden Umgebung Vorlage für viele Maler und bildende Künstler – und auch für Romane von Ludwig Ganghofer.

Im **Schloss Adelsheim** ist seit 1968 das **Heimatmuseum** untergebracht.

Das **Königliche Schloss Berchtesgaden** ist ein ehemaliges Augustiner-Chorherrenstiftsgebäude, dessen

Berchtesgaden, Schlossplatz; hinten rechts erhebt sich die Stiftskirche.

Anfänge bis ins Jahr 1102 zurückreichen und das zusammen mit der **Stiftskirche** und dem **Schlossplatz** ein sehenswertes Ensemble bildet.

Gasthof Bier Adam, zünftige bayerische Küche im ältesten Wirtshaus in Berchtesgaden und mitten im Ort (Marktplatz 22, Tel. 08652-2390).

Königssee 09

Der, weil von steilen Berghängen eingebettet, oft fälschlicherweise als Fjord bezeichnete Königssee liegt lang gestreckt zu Füßen des Watzmanns und gilt als einer der saubersten Seen Deutschlands. Das beruht auf der Tatsache, dass kaum Almwirtschaft im Einzugsbereich des Sees betrieben wird, die Schifffahrt sehr eingeschränkt ist (private Boote sind nicht zugelassen) und auf Elektrobasis beruht. Der größte Teil des Sees liegt im Nationalpark Berchtesgaden, dem einzigen deutschen Nationalpark in den Alpen.

Der **Malerwinkel** und der Aussichtspunkt **Rabenwand** bieten einen wunderbaren Seeblick und haben auch das klassische Bild vom Königssee geprägt. Ein besonders beliebtes Ziel ist auch **St. Bartholomä** mit seiner barocken Wallfahrtskapelle vor dem Hintergrund der bergsteigerisch interessanten Watzmann-Ostwand.

Mit der Jennerbahn lässt sich der aussichtsreiche Gipfel des **Jenner** in 1874 m in einem 20-minütigen Fußmarsch (ab der Bergstation) leicht erreichen.

Tourismusinformation siehe ab S. 150
Übernachtungsverzeichnis siehe ab S. 153

Am Königssee, Blick zu den Bootshäusern.

Reiseinformationen

ANREISE & ABREISE

Der Startort Lindau ist mit der Bahn gut erreichbar; der Zielort Berchtesgaden hat ebenfalls einen Bahnhof. Da die Mitnahme von Rädern in Zügen unterschiedlich gehandhabt wird und zeitlichen Einschränkungen unterworfen ist, sollten Sie sich vorab informieren:
Fahrplanauskunft DB: 0800-1507090
Weitere Infos: www.bahn.de/bahnundbike

Bei folgenden DB-Agenturen können sie Bahntickets mit Reservierung buchen:

Oberstaufen/Reisebüro Stefan	08386/1067
Bad Tölz	08041/74404
Bad Feilnbach/Kur-/Gästeinfo	08066/906333
Bernau	08051/9614505
Übersee	08641/203
Siegsdorf	08662/9418
Berchtesgaden	08652/976171

UNTERWEGS MIT KINDERN

Der Bodensee-Königssee-Radweg ist kein flacher Flussradführer: Er verläuft durch das Allgäuer- und Bayerische Voralpenland und quer zu großen Flusstälern. Das führt immer wieder zu mehr oder weniger steilen Auf- und Abfahrten. Die in diesem Führer rot markierten Etappen sind daher nur für trainierte und geübte – größere – Kinder geeignet (Etappe 3 weist zusätzlich noch schwer befahrbare Passagen auf).

Auch bei den übrigen Etappen sind etliche Höhenmeter und immer wieder steilere Stellen zu überwinden, aber die vielen Einkehrmöglichkeiten, Badeseen und auch Kinder ansprechende Sehenswürdigkeiten helfen über viele anstrengende Radlmeter hinweg. Bei den Anfangs- und den Schlussetappen bietet die begleitende Bahnstrecke notfalls Unterstützung.

ZENTRALE INFORMATIONSSTELLEN

ARGE Bodensee-Königssee-Radweg
Siedlerstraße 10, 83714 Miesbach
Tel. 08025-9244952
www.bodensee-koenigssee-radweg.de

OberAllgäu Tourismus Service GmbH
Jahnstr. 6, 87509 Immenstadt
Tel. 08323-99490
www.oats.de

Manchmal hilft nur absteigen und schieben!

Tourismusverband Ostallgäu
Schwabenstr. 11, 87616 Marktoberdorf
Tel. 08342-911313
www.tourismus-ostallgaeu.de

Tourismusverband München-Oberbayern e.V.
Postfach 600320, 81203 München
Tel. 089-8292180
www.oberbayern.de

Ammergauer Alpen GmbH
Eugen-Papst-Str. 9a, 82487 Oberammergau
Tel. 08822-922740,
www.ammergauer-alpen.de

Tölzer Land Tourismus
Prof.-Max-Lange-Platz 1, 83646 Bad Tölz
Tel. 08041-505206, www.toelzer-land.de

Alpenregion Tegernsee Schliersee e.V.
Hauptstr. 2, 83684 Tegernsee
Tel. 08022-9273890, www.tegernsee-schliersee.de

Chiemsee-Alpenland-Tourismus
83233 Bernau am Chiemsee
Tel. 08051-965550
www.chiemsee-alpenland.de

Chiemgau Tourismus e.V.
Leonrodstr. 7, 83278 Traunstein
Tel. 0861-9095900, www.chiemgau-tourismus.de

Tourismusregion Berchtesgaden-Königssee
Königsseer Str. 2, 83471 Berchtesgaden
Tel. 08652-9670, www.berchtesgadener-land.com

SEEN-SCHIFFFAHRT UND BOOTSVERLEIH

Bayerische Seenschifffahrt GmbH
Seestr. 55, 83471 Schönau am Königssee
Tel. 08652-96360, www.seenschifffahrt.de
(mit Infos zum Königssee und zum Tegernsee)

Motorschifffahrt Kochelsee GbR
Kirchenweg 1, Kochel am See, Tel. 08851-4-6,
www.motorschiffahrt-kochelsee.de

Schliersee Schifffahrt und Bootsverleih
Anlegestelle/Bootsverleih am Dekan-Obermeier-Weg 1,
Schießstättstr. 4, 83727 Schliersee,
Tel. 08026-922786, www.schlierseeschifffahrt.de

Die meisten Etappen sind auch mit Gepäck gut zu fahren.

Chiemsee-Schifffahrt
Seestr. 108, 83209 Prien a. Chiemsee
Tel. 08051-6090, www.chiemsee-schifffahrt.de

GEPÄCKTRANSFER, PERSONEN-/RADTRANSPORT

Streckenabschnitt Lindau-Bad Tölz:
Fahrservice-Süd Raimund Miorin, Metzgergasse 6
87448 Waltenhofen-Hegge, Tel. 0831/5129223
Mobil: 01578/2658790, www.fahrservice-sued.de

Streckenabschnitt Bad Tölz–Königssee:
Käsweber Reisen, Andreas Käsweber,
Steinhart 12, 83539 Pfaffing, Tel. 08039/9099994,
www.kaesweber-reisen.de

Orte/Tourismusbüros

ANGER
Tourist-Info
Dorfplatz 4
83454 Anger
Tel. 08656-988922
www.anger.de

ASCHAU IM CHIEMGAU
Tourist-Information
Kampenwandstr. 38
83229 Aschau i.Ch.
Tel. 08052-904937
www.aschau.de

BAD FEILNBACH
Kur-und Touristinfo
Bahnhofstr. 5
83075 Bad Feilnbach
Tel. 08066-88711
www.bad-feilnbach.de

BAD HEILBRUNN
Gästeinformation
Badstraße 3
83670 Bad Heilbrunn
Tel. 08046-323
www.bad-heilbrunn.de

BAD KOHLGRUB
Kur- u. Tourist-Info
Hauptstraße 29
82433 Bad Kohlgrub
Tel. 08845-74220
www.bad-kohlgrub.de

BAD REICHENHALL
Touristinfo
Bad Reichenhall
Wittelsbacher Str. 15
Tel. 08651- 6060
www.bad-reichenhall.de

BAD TÖLZ
Tourist-Information
Max-Höfler-Platz 1
83646 Bad Tölz
Tel. 8041-786717
www.bad-toelz.de

BAYERISCH GMAIN
Tourist-Info
Großgmainer Str. 14
83457 Bayerisch Gmain
Tel. 08651-60640
www.berchtesgadener-land.com

BENEDIKTBEUERN
Gästeinformation
Prälatenstr. 3
83671 Benediktbeuern
Tel. 08857-248
www.benediktbeuern.de

BERCHTESGADEN
Tourist-Info
Maximilianstr. 9
83471 Berchtesgaden
Tel. 08652-9445300
www.berchtesgaden.de
www.tourismus-berchtesgaden.de

BERGEN
Tourist-Information
Raiffeisenplatz 4
83346 Bergen
Tel. 08662-8321
www.bergen-chiemgau.de

Das Rathaus in Bad Tölz.

BERNAU AM CHIEMSEE
Tourist-Info
Aschauer Str. 10
83233 Bernau a. Ch.
Tel. 08051-98680
www.bernau-am-chiem-see.de

BISCHOFSWIESEN
Tourist-Info
Hauptstr. 40
83483 Bischofswiesen
Tel. 08652-977220
www.bischofswiesen.de

ESCHENLOHE
Gästeinformation
Murnauer Straße 1
82438 Eschenlohe
Tel. 08824-8228
www.eschenlohe.de

FISCHBACHAU
Touristinformation
Kirchplatz 10
83730 Fischbachau
Tel. 08028-876
www.fischbachau.de

FRASDORF
Tourist-Information
Hauptstr. 32
83112 Frasdorf
Tel. 08052-179625
www.frasdorf.de

FÜSSEN
Tourismus u. Marketing
Kaiser-Maximilian-Platz 1
87629 Füssen
Tel. 08362-93850
www.fuessen.de

GMUND
Tourist Information
Kirchenweg 6
83703 Gmund
Tel. 08022-750527
www.rathaus-gmund.de

GRAFENASCHAU
Verkehrsamt Murnau
Kohlgruber Str. 1
82418 Murnau
Tel. 08841-61410
www.murnau.de
www.dasblaueland.de

GRASSAU
Tourist-Information
Kirchplatz 3
83224 Grassau
Tel. 08641-697960
www.grassau.de

GROSSWEIL
Gästeinformation
Kochler Str. 2
82439 Großweil
Tel. 08851-1210
www.grossweil.de

HALBLECH
Gästeinformation
Bergstr. 2
87642 Halblech
Tel. 08368-9122222
www.halblech.de

HAUSHAM
Touristeninformation
Rathausstr. 2
83734 Hausham
Tel. 08026-39090
www.murnau.de
www.dasblaueland.de

HERGENSWEILER
Verkehrsverein
Friedhofweg 7
88138 hergensweiler
Tel. 08388-217
www.hergensweiler.de

HOPFERAU
Gästeinformation
Hauptstraße 8
87659 Hopferau
Tel. 08364-8548
www.hopferau.de

HOPFEN AM SEE
Tourist-Information
Uferstr. 21
87629 Füssen-Hopfen am See
Tel. 08362-7458
www.fuessen-hopfensee.de

IMMENSTADT
Gästeinfo AlpSeeHaus, Bühl am Alpsee
Seestraße 10
87509 Immenstadt
Tel. 08323-998877
www.immenstadt.de

KOCHEL AM SEE
Tourist Information
Bahnhofstr. 23
82431 Kochel a. See
Tel. 08851-338
www.kochel.de

LINDAU
Tourismus-u. Kongress GmbH Lennart-Bernadotte-Haus
Alfred-Nobel-Platz 1
88131 Lindau
Tel. 08382-260030
www.lindau-tourismus.de

MURNAU
Tourist-Information
Kohlgruber Str. 1
82418 Murnau
Tel. 08841-61410
www.murnau.de
www.dasblaueland.de

NESSELWANG
Tourist-Information
Hauptstr. 20
87484 Nesselwang
Tel. 08361-923040
www.nesselwang.de

NEUBEUERN
Gästeinformation
Marktplatz 4
83115 Neubeuern
Tel. 08035-2165
www.neubeuern.de

OBERSTAUFEN
Tourismus Marketing
Hugo-von Königsegg-Str. 8
87534 Oberstaufen
Tel. 083886-93000
www.oberstaufen.de

OHLSTADT
Gästeinformation
Rathausplatz 1
82441 Ohlstadt
Tel. 08841-7480
www.ohlstadt.de

OY-MITTELBERG
Kur-und Tourismusbüro
Wertacher Str. 11
87466 Oy-Mittelberg
Tel. 08366-207
www.oy-mittelberg.de

RETTENBERG
Gästeinformation
Bichelweg 2
87549 Rettenberg
Tel. 08327-92040
www.rettenberg.de

ROHRDORF
Tourist-Information
St.-Jakobus-Platz 2
83101 Rohrdorf
Tel. 08032-95640
www.rohrdorf.de

RÖTHENBACH (ALLGÄU)
Gästeamt
Mühlenstr. 1
88167 Röthenbach
Tel. 08384-1816
www.vg-argental.de

SAULGRUB
Gemeindeamt
Kohlgruber Str. 2
82442 Saulgrub
Tel. 08845-74760
www.gemeinde-saul-grub.de

SCHLEHDORF
Gemeindeamt
Kocheler Str. 22
82444 Schlehdorf
Tel. 08851-7233
www.schlehdorf.de

SCHLIERSEE
Gäste-Information
Schliersee Perfallstr. 4
83727 Schliersee
Tel. 08026-60650
www.schliersee.de

SCHÖNAU AM KÖNIGSSEE
Tourist-Information
Rathausplatz 1
83471 Schönau a.K.
Tel. 08652-1760
www.koenigssee.de

SCHWANGAU
Tourist-Information
Münchener Str. 2
87645 Schwangau
Tel. 08362-81980
www.schwangau.de

SIEGSDORF
Tourist-Information
Rathausplatz 2
83313 Siegsdorf
Tel. 08662-498745
www.siegsdorf.de

STAUDACH-EGERNDACH
Tourist-Information
Marquartsteiner Str. 3
83224 Staudach-Egerndach
Tel. 08641-2560
www.staudach-egern-dach.de

TEISENDORF
Tourist-Info
Poststraße 14
83317 Teisendorf
Tel. 08666-295
www.teisendorf.de

TRAUCHGAU
Gästeinfo Halblech
Bergstr. 2
87642 Halblech
Tel. 08368-9122222
www.halblech.de

TRAUNSTEIN
Touristinfo, Kulturzentrum im Stadtpark
Haywards-Heath-Weg 1
83278 Traunstein
Tel.0861-9869523
www.traunstein.de

ZELL/EISENBERG
Touristikbüro Eisenberg
Pröbstenerstr. 9
87637 Eisenberg
Tel.: 08364 1237
www.eisenberg-allgaeu.de

Marktplatz in Teisendorf: Der obligatorische Maibaum und die Figur des hl. Rupert, Schutzpatron des Rupertiwinkels, verkörpern bayerische Tradition und Brauchtum.

Übernachtungsverzeichnis

€ = unter 30 EUR; **€€** = 30 bis 60 EUR; **€€€** = über 60 EUR Preis pro Person in DZ, incl. Frühstück

ANGER PLZ: 83454, Tel. (0)8656

Ferienwohnung Pickl (€€), Holzhauser Str. 7, Tel. 637, www.ferienwohnung-pickl.de
Ferienhaus Gollinger (€), Salzstr. 3, Tel. 1452, www.haus-gollinger.de
Fürberger Hof (€), Dorfstr. 7, Tel. 867, www.fuerberger.de
Pachterhof (€), Holzhauser Str. 23, Tel. 358
Landhaus Lackner (€), Staufenerstr. 17, Tel. 1388
Gasthaus-Pension Sonnenhang (€), Fallgrabenstraße 28, Tel. 342
Haus Steinbrecher (€€), Hadermarktweg 8, Tel. 1407

ANGER-AUFHAM PLZ: 83454, Tel. (0)8656

Hölbinger-Alm (€€), Kirchenstraße 53, Tel. 848

ASCHAU PLZ: 83229, Tel. (0)8052

Cafe Pauli (€€), Höhenberg 3, Tel. 90740, www.cafe-pauli.de
Residenz Heinz Winkler (€€€), Kirchplatz 1, Tel. 17990, www.residenz-heinz-winkler.de
Burghotel Aschau (€€€), Kampenwandstr. 94, Tel. 9080, www.burghotel-aschau.de
Gasthaus Kampenwand (€€), Bernauer Str. 1, Tel. 2440, www.gasthof-kampenwand.de
Gasthof zum Baumbach (€€), Kampenwandstr. 75, Tel. 1481, www.zum-baumbach.de
Aktiv Hotel Aschau (€€), Brückl 14, Tel. 956910, www.aktivhotelaschau.de
Prillerhof (€€), Höhenbergstraße 1, Tel. 906370, www.prillerhof.de
Nandlhof (€€), Zillibillerstr. 21, Tel. 1010, www.nandlhof.de

BAD FEILNBACH PLZ: 83075, Tel. (0)8066

Gästehaus Funk (€€), Nordweg 21, Tel. 8015, www.gaestehaus-funk.de
Hotel Conti (€€), Kufsteiner Straße 55, Tel. 884420, www.hotel-badfeilnbach.de
Kistlwirt (€€), Münchner Str. 21, Tel. 9036, www.kistlwirt.com
Wohlfühl-Hotel Gundelsberg (€€), Gundelsbergerstraße 9, Tel. 90450, www.hotel-gundelsberg.de
Tenda Camping-Park GmbH (€), Reithof 2, Tel. 884400, www.tenda-camping.de

BAD HEILBRUNN PLZ: 83670, Tel. (0)8046

Landgasthof Hotel Reindlschmiede (€€), Reindlschmiede 8, Tel. 8046285, www.tagungshotel-landgasthof-reindlschmiede-toelzer-land.de
Pension Waldrast (€), Lindenweg 25, Tel. 1333
Gasthaus Ramsau (€€), Ramsau 6, Tel. 1481
Gasthof Kronschnabel (€), Adelheidstraße 5, Tel. 8046249, www.kronschnabel.eu
Hotel zum Zauberkabinett (€€), Im Fuchswinkel 1/Wöhrenweg, Tel. 91830, www.zauberkabinett.com
Hotel Garni Landhaus Caesar (€€), Reindlschmiede 9, Tel. 188234, www.landhaus-caesar.de
Hotel Kilian (€€), St.-Killians-Platz 5, Tel. 916901, www.bayregio.de
Martha und Michael Kolb (€), Bahnhofstr. 10, Tel. 622, www.zum-bernwieser.de
Gästehaus Schutzherrhof (€-€€), Adelheidstr. 1, Tel. 1226
Pension Landhaus Roseneck (€-€€), Badstr. 12, Tel. 419
Hotel Oberland (€€), Wörnerweg 45, Tel. 91830, www.hotel-oberland.de

BAD KOHLGRUB PLZ: 82433, Tel. (0)98845

Hotel Schillingshof (€€€), Fallerstr. 11, Tel. 7010, www.hotel-schillingshof.com
Wellness Hotel Das Johannesbad in Bad Kohlgrub (€€€), Saulgruber Straße 6, Tel. 840, www.johannesbad-schober.de
Kurbad Waldruh (€€), Sonnen 93, Tel. 74100, www.hotelwaldruh.de
Kur- und Ferienhotel Gertraud (€-€€), Kehrer Str. 22, Tel. 850, www.kurhotel-gertraud.de
moor&mehr Bio-Kurhotel Panorama (€€-€€€), Spengelstraße 6, Tel. 7020, www.bio-kurhotel.de
Kurhaus Dr. Lauter (€€), Kurhausstraße 81, Tel. 970, www.erlebe-gesundheit.de
Landhotel Sebaldus (€€-€€€), Mühlstraße 1, Tel. 7000, www.landhotel-sebaldus.de

Kur- und Ferienhotel Alpenhof (€€), Fallerstraße 4, Tel. 130, www.alpenhof-kohlgrub.de
Kurhotel Am Wiesenhang (€€-€€€), Prentstraße 16, Tel. 74700, www.wiesenhang.de
Gästehaus Alpina (€€), Ludwigstraße 7, Tel. 74070, www.gaestehaus-alpina.com
Gästehaus Gerold (€€), Hauptstraße 18, Tel. 476, www.gaestehaus-gerold.de
Bianca's Landhotel (€-€€), Saulgruber Straße 26, Tel. 703141, www.biancas-landhotel.de

BAD REICHENHALL PLZ: 83435, Tel. (0)8651

Axelmannstein Hotel Bad Reichenhall (€€), Salzburger Straße 2-6, Tel. 7770, www.axelmannsteinresort.de
Parkhotel Luisenbad Gesundheitshotel (€€€), Ludwigstr. 33, Tel. 6040, www.parkhotel.de
Salzburg Park Hotel (€€€), Mackstraße 2, Tel. 9670, www.salzburg-parkhotel.com
Hotel Hofwirt zu St. Zeno (€€), Salzburger Str. 21, Tel. 98380, www.hofwirt.de
Avalon Hotel Bad Reichenhall (€€), Bahnhofplatz 14, Tel. 7630, www.avalon-hotel-badreichenhall.com
Hotel Almrausch (€€), Frühlingstraße 5, Tel. 96690, www.almrausch-bgl.de
Hotel Bayern Vital (€€€), Luitpoldstraße 8, Tel. 7060, www.hotel-bayern-vital.de
Pension Lex (€€), Salzburger Str. 42, Tel. 2147, www.pensionlex.de
Hotel-Pension Erika (€€), Adolf-Schmid-Straße 3, Tel. 95360, www.hotel-pension-erika.de
Hotel Bergfried & Schönblick (€€), Frühlingstr. 12, Tel. 95880, www.fuchs-hotels.de
Hotel Dora (€€), Frühlingstraße 12, Tel. 95880, www.fuchs-hotels.de

BAD TÖLZ PLZ: 83646, Tel. (0)8041

Hotel Alexandra (€€), Kyreinstraße 13, Tel. 78430, www.alexandrahotel.de
Landhaus Iris (€€), Münchener Str. 26, Tel. 78360, www.landhaus-iris.de
Hotel Tölzer Hof (€€), Rieschstraße 21, Tel. 8060, www.toelzer-hof.de
Hotel-Restaurant Das Schlössl (€€), Schützenstr. 23, Tel. 78110, www.schloessl.de
Posthotel Kolberbräu Bad Tölz (€€), Marktstraße 29, Tel. 76880, www.kolberbraeu.de
Hotel am Wald (€€), Austraße 39, Tel. 78830, www.hotel-wald.de
Hotel Kolbergarten (€€-€€€), Fröhlichgasse 5, Tel. 78920, www.bad-toelz.de
Villa Bellaria (€€€), Ludwigstraße 22, Tel. 80080, wwwvilla-bellaria.de
Hotel Lindenhof (€€), Königsdorfer Straße 24, Tel. 794340, www.hotel-lindenhof-bad-toelz.de
Hotel Alpenhof (€€), Buchener Str. 14, Tel. 78740, www.alpenhof-toelz.de
Hotel-Restaurant Altes Zollhaus (€€), Benediktbeurer Straße 7, Tel. 9749, www.zollhaus-toelz.de
Hotel-Restaurant Altes Fährhaus (€€-€€€), An der Isarlust 1, Tel. 6030, www.altes-faerhaus-toelz.de
Marienhof (€€), Bergweg 3, Tel. 7630, www.marienhof-toelz.de

BAYERISCH-GMAIN PLZ: 83457, Tel. (0)8651

Hotel Sonnenhof (€-€€), Sonnenstr. 11, Tel. 959840, www.sonnenhof-bayern.de
Amberger-Steidle (€-€€), Schillerallee 5, Tel. 98650, www.amberger-hotel.de
Hotel Post Bayerisch Gmain (€€), Obere Bahnhofstraße 17, Tel. 98810, www.das-hotel-post.de
Hotel Klosterhof (€€-€€€), Steilhofweg 19, Tel. 98250, www.hotelkloserhof.de
Hotel Garni Johanneshof (€€), Untersbergstr. 6, Tel. 965860, www.hotel-johanneshof.de
Kur- u. Wellnesshotel „Rupertus (€€), Rupertistr. 3, Tel. 97820, www.kurhotel-rupertus.de
Ferienwohnungen Haus Gertrud (€-€€), Großgmainer Str. 33, Tel. 65622, www.griesacker.de
Ferienwohnungen Haus Monika (€-€€), Leopoldstraße 28, Tel. 64396, www.ferien-haus-monika.de
Bräulerhof (€-€€), Berchtesgadener Str. 60, Tel. 2923, www.braeulerhof.de
Pension Haus Lug ins Land (€-€€), Sonnenstraße 24, Tel. 95940, www.haus-lug-ins-land.de
Wierer Alfred (€-€€), Großgmainer Straße 11, Tel. 62463, www.haus-taufkirchen.de

BENEDIKTBEUREN PLZ: 83671, Tel. (0)89

Kloster Benediktbeuern (€€), Don-Bosco-Straße 1, Tel. 13081055, www.kloster-benediktbeuern.de
Gasthof Herzogstand (€€), Dorfstraße 7, Tel. 326, www.gasthof-herzogstand-benediktbeuern.de
Hotel Friedenseiche (€€), Häusernstraße 34, Tel. 8205, www.friedenseiche-hotel.de
Don-Bosco-Jugendherberge (€), Don-Bosco-Str. 3, Tel. 88350, www.juhe-bb.de

Jugendherberge Benediktbeuern-Miriam (€), Bahnhofstr. 58, Tel. 9050, www.jugendherberge.de

Kretzenhof (€-€€), Dorfstraße 17, Tel. 8177, www.kretzenhof.de
Rummelbartlhof (€€), Schwimmbadstr. 8, Tel. 8544, www.rummelbartlhof.de
Haus Thalhuber (€), Alex-Thalhuber-Str 6, Tel. 8773, www.haus-thalhuber.de
Abrahamhof (€-€€), Angerfeldweg 10, Tel. 1560, www.abrahamhof.de
Ferienwohnung Pollmann (€-€€), Bonifatiusstr. 15, Tel. 506, www.loisachtal.net

BERCHTESGADEN PLZ: 83471, Tel. (0)8652

Bavaria (€€-€€€), Sunklergäßchen 11, Tel. 96610, www.hotelbavaria.net
Hotel Edelweiss Berchtesgaden (€€€), Maximilianstraße 2, Tel. 97990, www.edelweiss-berchtesgaden.com
Hotel Vier Jahreszeiten (€€), Maximilianstr. 20, Tel. 9520, www.hotel-vierjahreszeiten-berchtesgaden.de
Hotel Wittelsbach (€€), Maximilianstraße 16, Tel. 96380, www.hotel-wittelsbach.com
Gasthof Salzberg (€€), Bergwerkstraße 86, Tel. 6556245, www.hotel-salzberg.de
Hotel Grünberger (€€), Hansererweg 1, Tel. 976590, www.hotel-gruenberger.de
Hotel Schwabenwirt (€€), Königsseer Str. 1, Tel. 2022, www.hotel-schwabenwirt.de
Hotel Demming (€€), Sunklergäßchen 2, Tel. 9610, www.hotel-demming-berchtesgaden.de
Hotel Binderhäusl (€-€€), Am Wemholz 2, Tel. 5429, www.binderhaeusl.de
Pension Grüßer (€€), Hansererweg 18, Tel. 62609, www.pension-gruesser.de
Pension Haus am Berg (€-€€), Am Brandholz 9, Tel. 94920, www.pension-hausamberg.de
Pension Perlerlehen (€-€€), Rennweg 19, Tel. 1590, www.perlerlehen.de
Gästehaus Alpina (€-€€), Ramsauer Straße 6, Tel. 6556842, www.alpina-bgl.de
Gästehaus Gregory (€€), Oberschönauer Str. 66, Tel. 2326, www.pension-gregory.de
Gasthof Waldluft (€€), Bergwerkstr. 56, Tel. 95850, www.waldluft.de

BERGEN PLZ: 83346, Tel. (0)8662

Hotel Pension Säulner Hof (€), Hochplattenstr. 1, Tel. 8655, www.saeulnerhof.de
Cafe Alpin (€€), Bahnhofstraße 24, Tel. 8397, www.alpin-gaestehaus.de
Hotel Mariandl (€€), Hochfellnstr. 44, Tel. 8495, www.hotel-mariandl.de
Pension-Cafe Bergener Hof (€€), Staudacher Str. 12, Tel. 664852, www.bergenerhof.de
Campingplatz Wagnerhof (€), Campingstr. 11, Tel. 8557
Bergblick Fam. Buschulte (€-€€), Hochgernstr. 22, Tel. 8111, www.bergen.de
Gästehaus Sonnenhof (€€), Siegsdorfer Str. 13, Tel. 661156, www.sonnenhof-dangl.de

BERNAU PLZ 83233, Tel. (0)8051

Seiseralm & Hof (€€), Reit 5, Tel. 9890, www.seiserhof.de
Restaurant Jägerhof - Ihr Kleines Hotel (€€), Rottauer Str. 15, Tel. 7377, www.jaegerhof-bernau.de
Gasthof Alter-Wirt (€€), Kirchplatz 9, Tel. 9656990, www.alter-wirt-bernau.de
Farbinger Hof (€€), Rottauer Str. 75, Tel. 98690, www.farbingerhof.de
Hotel Pension Chiemsee (€€), Kampenwandstr. 26, Tel. 98750, www.hotel-pension-chiemsee.de
Gästehaus & Pension Lechner (€-€€), Aschauer Str. 85, Tel. 7373, www.zimmer-chiemsee.de
Gästehaus Hanznhof (€€), Steigackerstr. 12, Tel. 8632236, www.hanzhof.de
Ferienwohnung Bernau Am Chiemsee (€€), Mitterweg 14, Tel. 9674791, www.zeitraumferien.de
Gasthaus Kampenwand (€€), Aschauer Str. 12, Tel. 964090, www.gasthaus-kampenwand.de
Herrmann Max (€€), Mitterweg 6, Tel. 7560, www.haus-hermann.de
Pension Martlschuster (€€), Aschauer Str. 23, Tel. 7651, www.martlschuster.de

BISCHOFSWIESEN PLZ: 83483, Tel. (0)8652

Aktiv und Wellness Hotel Reissenlehen (€€-€€€), Reißenpoint 11, Tel. 977200, www.reissenlehen.de
Alpenhotel Hundsreitlehen (€€), Quellenweg 11, Tel. 9860, www.hotel-hundsreitlehen-berchtesgaden.de
Hotel Brennerbascht (€€), Hauptstraße 44, Tel. 7021, www.brennerbascht.de
Hotel Hoher Göll und Restaurant Hobelbank (€€), Berchtesgadener Str. 104, Tel. 4363, www.hohergoell.de
Gasthof - Cafe - Pension - Hotel Gebirgshäusl (€€), Ramsauer Str.106, Tel. 2366, www.gebirgshaeusl.com
Alpengasthof Götschenalm (€€), Kollertradte 21, Tel. 9779659, www.goetschenalm.com

Jugendherberge Berchtesgaden (€), Struberberg 6, Tel. 94370, www.jugendherberge.de
Gasthof Watzmannblick (€-€€), Gebirgsjägerstr. 46, Tel. 3363, www.watzmannblick-strub.de
Pension Kressenlehen (€-€€), Kressenweg 16, Tel. 1411, www.ferienwohnungen-kressenlehen-bischofswiesen-berchtesgaden.de

EISENBERG PLZ: 87637, Tel. (0)8364

Landgasthof Gockelwirt (€€-€€€), Pröbstener Str. 23, Tel. 830, www.gockelwirt.de
Christine Restaurant Pension (€€), Kirchplatz 4, Tel. 1073, www.christine-eisenberg.de
Burghotel Bären (€€), Eisenberg-Zell, Tel. 08363-5011 www.burghotelbaeren.de

ESCHENLOHE PLZ: 82438, Tel. (0)8824

Landgasthof Alter Wirt (€-€€), Dorfplatz 4, Tel. 910528, www.alterwirteschenlohe.de
Hotel-Gasthof-Metzgerei „Zur Brücke" (€-€€), Loisachstr. 1, Tel. 210, www.zur-bruecke-eschenlohe.de
Hotel Tonihof (€€), Walchenseestraße 42, Tel. 92930, www.tonihof-eschenlohe.de
Alpenhotel Wengerer Hof garni (€€), Wengen 1, Tel. 92030, www.alpenhotel-wengererhof.de

FISCHBACHAU PLZ: 83730, Tel. (0)8028

Gasthaus Marbach (€€), Leitzachtalstr. 39, Tel. 808, www.gasthaus-marbach.de
Gästehaus Sonnenbichl (€€), Farnleitenweg 3, Tel. 737, www.gaestehaus-sonnenbichl.de
Aurachhof (€€), Bahnhofstraße 4, Tel. 9030, www.aurachhof.de
Gästehaus Alte Bergmühle (€€), Birkensteinstr. 60, Tel. 732, www.bergmuehle-fischbachau.de
Gästehaus Ferienglück (€€), Uferweg 1, Tel. 798, www.gaestehausferienglueck.de
Gästehaus Göttfried (€), Birkensteinstraße 73, Tel. 827, www.gaesehaus-goettfried.com
Gästehaus zum Zitherklaus (€€), Lehenpointstr. 9, Tel. 2281
Café Winklstüberl (€), Leitzachtalstraße 68, Tel. 742, www.winklstueberl.de
Georg Auer (€), Leitzachtalstraße 51, Tel. 470, www.koanhof.de

FÜSSEN PLZ: 87629, Tel. (0)8362

Hotel Sonne Füssen (€€€), Reichenstraße 37, Tel. 9080, www.hotel-fuessen.de
Hotel Sommer (€€€), Weidachstraße 74, Tel. 91470, www.hotel-sommer.de
Luitpoldpark-Hotel (€€€), Bahnhofstr. 3, Tel. 9040, www.luitpoldpark-hotel.de
Hotel Hirsch (€€€), Kaiser-Maximilian-Platz 7, Tel. 93980, www.hotelfuessen.de
Altstadthotel Zum Hechten Schloßgasthof (€€€), Ritterstr. 6, Tel. 91600, www.hotel-hechten.com
Parkhotel Bad Faulenbach (€€-€€€), Fischhausweg 5, Tel. 91980, www.parkhotel-fuessen.de
Kurcafe Restaurant (€€€), Prinzregentenplatz 4, Tel. 930180, www.kurcafe.com
Hotel am Hopfensee (€€-€€€), Uferstraße 10, Tel. 50570, www.hotel-am-hopfensee.de
Brauereigasthof Füssen Braustüberl (€€), Rupprechtstr.5, Tel. 7843, www.brauereigasthof-braeustueberl.de
Wiedemann Kurhotel KG (€€€), Am Anger 3, Tel. 91300, www.hotel-wiedemann.de
Ruchti's Hotel und Restaurant (€€), Alatseestr. 38, Tel. 91010, www.hotel-ruchti.de
Euro Park Hotel (€€), Am Kapellenberg 2, Tel. 5080, www.europarkhotel.de
Filser Kurhotel (€€€), Säulingstraße 3, Tel. 91250, www.hotel-filser.de
House L.A-Hostel-apartment (€€), Wachsbleiche 2, Tel. 607366, www.housela.de
Landhaus & Pension Christian (€€€), Welfenstr.35, Tel. 38660, www.jorde-fuessen.de

GMUND A. SEE PLZ: 83703, Tel. (0)8021

Gasthof - Hotel Eder (€€), Am Eisweiher 1, Tel. 8436, www.hotel-gasthof-eder.de
Feichtner Hof (€€), Kaltenbrunner Str. 2, Tel. 96840, www.feichtnerhof.de
Zum Kistlerwirt (€€), Schlierseer Str. 60, Tel. 968370, www.kistlerwirt.de
Gasthof Weidenau (€€), Tölzer Str. 136, Tel. 75421, www.gasthof-weindenau.de

GRASSAU PLZ: 83224, Tel. (0)8641

Sporthotel Achental GmbH (€€€), Mietenkamer Straße 65, Tel. 4010, www.sporthotel-achental.com
Hotel-Gasthof Sperrer KG (€€), Ortenburger Str. 5, Tel. 2011, www.hotel-sperrer.de
Hotel Fischerstüberl (€€), Hauptstr. 15, Tel. 2334, www.fischerstueberl-rottau.de
Landpension Fetznhof (€€), Fetznweg 15, Tel. 2466, www.fetznhof.de
Hotel Hansbäck (€€), Kirchplatz 18, Tel. 4050, www.hansbaeck.de

HERGENSWEILER PLZ: 88138, Tel. (0)8388

Gasthof Sonne (€€), Dorfstraße 7, Tel. 920765, www.sonne-hergenswweiler.de
Gästehaus Bingger (€€), Leiblachweg 8, Tel. 606, www.ferienwohnung-bingger.de
Ferienhof Heim (€), Mollenberg 5, Tel. 361, www.fewo-lindau.de
Manfred's Bikermühle (€), Obernützenbrugg 2, Tel. 273, www.bikermuehle.de
Alte Post (€), Dorfstraße 11, Tel. 9234730, www.altepost-hergensweiler.de

HOHENSCHWANGAU PLZ: 87645, Tel. (0)8362

Hotel Alpenstuben (€€-€€€), Alpseestraße 8, Tel. 98240, www.alpenstuben.de
Pension Albrecht (€€), Pfleger-Rothut-Weg 2, Tel. 81102, www.romantic-pension.de
Schlosshotel Lisl (€€-€€€), Neuschwansteinstr. 1-3, Tel. 8870, www.lisl.de
Hotel Müller GmbH & Co. KG (€€€), Alpseestr. 16, Tel. 81990, www.hotelmueller.de
Hotel Garni Schlossblick (€€), Schwangauer Str. 7, Tel. 81649, www.schlossblick-neuschwanstein.de

HOPFEN AM SEE PLZ: 87629, Tel. (0)8362

Hotel am Hopfensee (€€-€€€), Uferstraße 10, Tel. 50570, www.hotel-am-hopfensee.de
Landhaus Hotel Kössel (€€), Höhenstraße 8, Tel. 91670, www.landhaus-koessel.de
Hotel am Hopfensee (€-€€), Ringweg 3, Tel. 941288, www.allgaeuer-riviera.de
Ferienwohnung Luik Chalet Sonnenhang (€€), Am Sonnenhang 5, Tel. 952606, www.fewo-luik.de

HOPFERAU PLZ: 87659, Tel. (0)8364

Gasthof Engel (€), Hauptstr. 36, Tel. 312, www.gasthof-engel.net
Pension Keiss (€€), Hauptstr. 14, Tel. 1495, www.pension-keiss.de
Schloss zu Hopferau (€€), Schlossstr. 9-11, Tel. 984890, www.schloss-hopferau.com

IMMENSTADT PLZ: 87509, Tel. (0)8323

Hotel-Restaurant Hirsch (€€), Hirschstraße 11, Tel. 98920, www.hotel-hirsch-immenstadt.de
Gasthof Engel (€), Salzstraße 4, Tel. 7881, www.engel-immenstadt.de
Hotel Lamm (€€), Kirchplatz 2, Tel. 6192, www.hotel-lamm-immenstadt.de
Hotel garni Goldener Adler (€€), Marienplatz 14, Tel. 8549, www.adler-immenstadt.de
Rothenfels Terrassenhotel (€€), Missener Str. 60, Tel. 9190, www.hotel-rothenfels.de
Kemptener Naturfreundehaus (€), Steigbachtal 12, Tel. 2123, www.kemptener-naturfreundehaus.de
Pension Schwarzer Adler (€€), Landwehrplatz 1, Tel. 6224
Hotel Restaurant Krone Schafroth (€€), Rottachbergstr. 1, Tel. 96610, www.hotel-krone-stein.de
Buchers Camping am großen Alpsee Martin Haf (€), Seestr. 25, Tel. 7726, www.alpsee-camping.de

KOCHEL A. SEE PLZ: 82431, Tel. (0)8851

Seehotel Grauer Bär - Restaurant Café (€€), Mittenwalder Str. 82, Tel. 92500, www.grauer-baer.de
Hotel Alpenhof Postillion (€€), Kalmbachstr. 1, Tel. 1820, www.alpenhofpostillion.de
Hotel Gasthof zur Post (€€€), Schmied-von-Kochel-Platz 6, Tel. 92410, www.posthotel-kochel.de
Landhotel Herzogstand (€€), Herzogstandweg 3, Tel. 324, www.herzogstand.de
Gästehaus Egner (€€), Herzogstandweg 23, Tel. 228, www.gaestehaus-egner.de
Hotel Waltraud (€€), Bahnhofstr. 20, Tel. 333, www.gasthof-waltraud.de
Schmied von Kochel Landgasthof (€€), Schlehdorfer Straße 6, Tel. 9010, www.schmied-von-kochel.eu
Alpenpark (€€), Altjoch 11, Tel. 263, www.alpenpark-kochel.de

KÖNIGSSEE / SCHÖNAU A.K. PLZ: 83471, Tel. (0)8652

Hotel Königssee (€€), Seestr. 29, Tel. 6580, www.hotel.koenigssee.com
Alm- und Wellnesshotel Alpenhof Berchtesgaden (€€-€€€), Richard-Voß-Straße 30, Tel. 6020, www.alpenhof.de
Wellnesshotel Zechmeisterlehen (€€€), Wahlstr. 35, Tel. 9450, www.zechmeisterlehen.de
Hotel Schiffmeister (€€), Seestr. 34, Tel. 96350, www.hotel-schiffmeister.de
Hotel-Restaurant „Zur Seeklause (€€), Seestr. 6, Tel. 947860, www.koenigsseer-hof.de
Hotel Bergheimat (€€), Brandnerstr. 16, Tel. 6080, www.hotel-bergheimat.de
Brunneck Gasthof und Hotel (€€), Im Weiherermoos 1, Tel. 96310, www.brunneck.de

Hotel Köppeleck (€€), Am Köppelwald 15, Tel. 9420, www.hotelkoeppeleck.de
Stoll´s Hotel Alpina OHG (€€€), Ulmenweg 14-16, Tel. 65090, www.stolls-hotel-alpina.de
Gästehaus & Ferienwohnungen Eggerlehen (€€), Untersteiner Str. 45, Tel. 2662, www.egglerlehen.de
Landhaus Sonnenstern (€€), Punzenmoos 8, Tel. 5355, ww.landhaus-sonnenstern.de
Pension Hochödlehen (€€), Hochödweg 7, Tel. 5427, www.hochoedlehen.de
Hotel Lärchenhof (€€), Am Rehwinkl 3, Tel. 96870, www.laerchenhof.net
Gästehaus Gregory (€-€€), Oberschönauerstr. 66, Tel. 2326, www.pension-gregory.de
Zillnhof FamilieGrassl (€-€€), Untersteiner Str. 20, Tel. 2562, www.zillnhof.com
Hotel Hanauerlehen (€€), Hanauerweg 6, Tel. 3970, www.hanauerlehen.de
Hotel Georgenhof (€€), Modereggweg 21, Tel. 9500, www.hotel-georgenhof.de
Hotel Bärenstüberl (€€), Grünsteinstr. 65, Tel. 95320, www.baerenstueberl.de
Gasthof Kohlhiasl (€€), Oberschönauer Str. 44, Tel. 6558750, www.gasthof-kohlhiasl.de
Pension Berganemone (€-€€), Grünsteinstr. 35, Tel. 61544, www.berganemone.de

LINDAU PLZ: 88131, Tel. (0)8382

Helvetia (€€€), Inselgraben 3, Tel. 9130, www.hotel-helvetia.com
Hotel Seerose (€€€), Auf der Mauer 3, Tel. 24120, www.seerose-lindau.de
Hotel Gasthof Stift (€€), Stiftsplatz 1, Tel. 93570, www.hotel-stift.de
Hotel Am Rehberg (€€-€€€), Am Rehberg 29, Tel. 3329, www.lindauhotels.de
Bräuhotel Steig (€€), Steigstr. 31, Tel. 78066, www.braeuhotelsteig.de
Alte Post (€€€), Fischergasse 3, Tel. 93460, www.alte-post-lindau.de
Hotel Reutemann Seegarten (€€€), Ludwigstr. 21, Tel. 9150, www.reutemann-lindau.de
Bodenseehotel Lindau (€€), Rickenbacher Str. 2, Tel. 96700, www.bodenseehotel-lindau.de
Jugendherberge Lindau (€), Herbergsweg 11, Tel. 96710, www.jugendherberge.de
Hotel Lindauer Hof (€€€), Dammgasse 2, Tel. 4064, www.lindauerhof.de
Hotel Garni Brugger (€€), Bei der Heidenmauer 11, Tel. 93410, www.hotel-garni-brugger.de
Gasthof Inselgraben (€€), Hintere Metzgergasse 4, Tel. 944148, www.inselgraben.de
Hotel Reulein garni (€€€), Steigstr. 28, Tel. 96450, www.hotel-reulein.de
Hotel Noris (€€), Brettermarkt 13, Tel. 3645, www.hotel-noris.de
Hotel Café Ebner (€€-€€€), Friedrichshafener Str. 19, Tel. 93070, www.ebner-lindau.de
Maxhotel (€€), Giebelbachstr. 1, Tel. 6066, www.max-hotel.de

NESSELWANG PLZ: 87484, Tel. (0)8361

Hotel Nesselwanger Hof (€€€), Sudetenweg 2, Tel. 9251330, www.nesselwangerhof.de
Brauerei-Gasthof Hotel Post (€€), Hauptstr. 25, Tel. 30910, www.hotel-post-nessewang.de
Landgasthof Löwen Hotel Restaurant (€€), Lachen 1, Tel. 640, www.loewen-nesselwang.de
Pension Silberdistel (€€), Aggensteinstraße 8, Tel. 3358, www.pension-silberdistel.de
Heinz Schürer (€), Bahnhofstr. 17, Tel. 3252, www.pension-schuerer.de
Bauernhof und Landhaus „Beim Gorar" (€-€€), Rindegg 7, Tel. 3883, www.bauernhof-gschwend.de
Ferienhotel Alpspitz (€€), Badeseeweg 10, Tel. 3030, www.alpspitzhotel-nesselwang.de
Pension Bergblick (€-€€), Jupiterstr. 3, Tel. 3682, www.pension-bergblick-nesselwang.de
Pension „Haus Riefler" (€), Venusstr. 14, Tel. 3349, www.haus-riefler.de
Landhaus Ohnesorg (€€), Jupiterstr. 7, Tel. 92010, www.landhaus-ohnesorg.de
Hotel Alpenrose (€€), Jupiterstr. 9, Tel. 92040, www.alpenrose.de

NEUBEUERN PLZ: 83115, Tel. (0)8035

Burghotel Burgdacherl (€€), Marktplatz 23, Tel. 2456, www.burgacherl.de
Niederauer Hof (€€), Niederau 1, Tel. 7783, www.niederauer-hof.de
Pension Stelzer (€), Färberstr. 2A, Tel. 4775, www.pension-stelzer.de

OBERSTAUFEN PLZ: 87534, Tel. (0)8386

Bergkristall Wellnesshotel (€€€), Willis 8, Tel. 9110, www.bergkristall.de
Königshof Hotel Resort Superior (€€), Mühlenstr. 16, Tel. 4930, www.koenigshof.de
Mondi-Holiday Oberstaufen (€€), Malas 8-16, Tel. 7000, www.mondiholiday.de

Hotel Adler (€€-€€€), Kirchplatz 6, Tel. 93210, www.adler-oberstaufen.de
Gesundheitsresort & Spa Allgäuer Rosenalp (€€€), Am Lohacker 5, Tel. 7060, www.rosenalp.de
Hotel Allgäu Sonne (€€€), Am Stießberg 1, Tel. 7020, www.allgaeu.de
Hotel König Ludwig (€€€), Im Dorf 29, Tel. 8910, www.hotel-koenig-ludwig.com
Alpenhof Kur-und Ferienhotel (€€), Gottfried-Resl-Weg 8A, Tel. 4850, www.alpenhof-oberstaufen.de
Alpenresort Haubers Landhaus und Gutshof (€€€), Meerau 34, Tel. 93305, www.haubers.de
Hotel Löwen (€€€), Kirchplatz 8, Tel. 4940, www.loewen-oberstaufen.de
Lindner Parkhotel & Spa Oberstaufen (€€€), Argenstr. 1, Tel. 7030, www.lindner.de
Dein Engel (€€), Buflings 3, Tel. 7090, www.deinengel.de
Hotel Bavaria (€€), Isnyer Str. 2, Tel. 93250, www.bavaria-kur-sporthotel.de
Kurhotel Hirsch (€€-€€€), Kalzhofer Straße 4, Tel. 4910, www.kurhotel-hirsch.de

OHLSTADT PLZ: 82441, Tel. (0)8841

Alpengasthof Ohlsta (€€), Weichser Str. 5, Tel. 67070, www.alpengasthof-ohlstadt.de
Hotel Alpenblick (€€), Heimgartenstraße 8, Tel. 79705, www.alpenblick-ohlstadt.de
Gaststätte Illingstoa (€€), Hauptstraße 6, Tel. 7355, www.gasthof-lengenfelder.de
Kögler Klaus (€), Pointweg 6, Tel. 7009, www.gaestehaus-koegler.de

OY-MITTELBERG PLZ: 87466, Tel. (0)8366

Hotel Tannenhof (€€€), Tannenhofstr. 19, Tel. 98844, www.tannenhof-allgaeu.com
Hotel Am Sonnenhang (€€€), Sebastian-Kneipp-Weg 2, Tel. 98218, www.sonnenhang-allgaeu.de
Vitalhotel Die Mittelburg (€€€), Mittelburgweg 1, Tel. 180, www.hotel-mittelburg-allgaeu.de
Gasthof Krone (€€), Dorfbrunnenstr. 2, Tel. 983200, www.krone-mittelberg.de
Oyer Landhotel (€€), Auenweg 3, Tel. 2339808, www.oyer-landhotel-allgaeu.de
Alpenstern Finy, Gästehaus (€-€€), Mühlbachstr. 10, Tel. 98660, www.finy.de
Landgasthof Rössle (€€), Mittelbergerstr. 2, Tel. 984614, www.landgasthof-oy-mittelberg.de
Schall Michael Gästehaus Anny Schall (€-€€), Lindenstr. 2, Tel. 271, www.haus-anny-schall.de
Gästehaus Eckstein (€€), Lindenstr. 5, Tel. 249, www.gaestehaus-eckstein.de

PIDING PLZ: 86451, Tel. (0)8651

Peter Koch (€), Berchtesgadener Str. 1, Tel. 63803, www.poschnhof.de
Ferienwohnungen Katharina und Josef Gruber (€), Petersplatz 4, Tel. 67833, www.gaestehaus-gruber.de
Hotel Alpenblick (€€), Gaisbergstr. 9, Tel. 98870, www.hotel-cafe-alpenblick.de
Ferienwohnungen Hansenbauer (€), Petersplatz 4, Tel. 63641, www.hansenbauer.de
Familienparadies Neubichler Alm (€€), Neubichel 5-6, Tel. 70090, www.neubichler-alm.com

RETTENBERG PLZ: 87549, Tel. (0)8327

Brauereigasthof Adler-Post (€€), Burgberger Str. 8, Tel. 226, www.brauereigasthof-alder-post.de
Jägerwinkl-Cacciatore (€-€€), Kirchstraße 4, Tel. 488, www.jaegerwinkl.de
Ferienhof Kiesel (€-€€), Kranzegger Straße 9, Tel. 591, www.ferienhofkiesel.de
Gästehaus Stork (€), Falkensteinweg 2, Tel. 202, www.pension-stork.com

RETTENBERG/KRANZEGG PLZ: 87549, Tel. (0)8327

Berghof Riesen, Familie Schindele (€-€€), Alpweg 20, Tel. 7117, www.berghof-riesen.de
Haus Sonnegg Pension (€-€€), Alpweg 11, Tel. 7430, www.oa-aktuell.de
Beim Bergbauern (€-€€), Breitensteinweg 10, Tel. 357, www.beim-bergbauern.de
Wellnessferienhof Soyer (€€), Reichen 1, Tel. 262, www.ferienhof-soyer.de

ROHRDORF PLZ: 83101, Tel. (0)8032

Hotel zur Post (€€), Dorfplatz 14, Tel. 1830, www.post-rohrdorf.de
Hotel Christl Garni (€€), Anzengruberstr. 10, Tel. 95650, www.hotel-christl.de
Pension Mariandl Marianne Müller (€€), Hartseestr. 2, Tel. 5537, www.pensionmariandl.de

SCHLIERSEE PLZ: 83727, Tel. (0)8026

Seehotel Schlieseer Hof (€€-€€€), Seestraße 21, Tel. 929200, www.schlierseerhof.de
Karma Spa - Alpenclub Schliersee (€€€), Kirchbichlweg 18, Tel. 6080, www.alpenclub.de

Hotel Terofal (€€), Xaver-Terofal-Platz 2, Tel. 929210, www.hotelterofal.de

Hotel Reiter (€€), Rißeckstraße 8, Tel. 92230, www.hotel-reiter.de

Schliersbergalm Seilbahn (€€), Schliersbergalm, Tel. 6723, www.schliersbergalm.de

Gästehaus Hubertus Hotel Garni (€€), Bayrischzeller Str. 8, Tel. 71035, www.sachs-hubertus.de

Gästehaus Sigrid (€€), Breitenbachstr. 10, Tel. 4464, www.gaestehaus-sigrid.de

Gästehaus Edeltraud am See (€€), Kurweg 9, Tel. 92340, www.gaestehaus-edeltraud-am-see.de

Gästehaus Franke am See (€€), Seestraße 8, Tel. 4097, www.gaestehaus-franke-schliersee.de

Gästehaus Am Kurpark (€€), Gartenstr. 7, Tel. 94030, www.gaestehausamkurpark-schliersee.de

SCHWANGAU PLZ: 87645, Tel. (0)8362

Hotel König Ludwig (€€€), Kreuzweg 11, Tel. 8890, www.koenig-ludwig-hotel.de

Hotel Maximilian (€€), Marienstr. 16, Tel. 9880, www.hotel-maximilian-schwangau.de

Ferienhotel Helmer (€€), Mitteldorf 10, Tel. 9800, www.hotel-helmer.de

Weinbauer (€€), Füssener Str. 3, Tel. 9860, www.hotel-weinbauer.de

Hotel-Pension Neuschwanstein (€€), Geblerweg 2, Tel. 8209, www.hotelneuschwanstein.de

Hanselewirt - Restaurant u. Hotel (€€), Mitteldorf 13, Tel. 8237, www.hanselewirt.de

Landgasthof Zur Post (€€), Münchener Str. 5, Tel. 98210, www.landgasthofpost.de

Hotel Schwanstein (€€), Kröb 2, Tel. 98390, www.hotel-schwanstein.de

Hotel Helmerhof (€€), Am Ehberg 31, Tel. 8069, www.helmerhof.de

SIEGSDORF PLZ: 83313, Tel. (0)8662

Hotel Alte Post (€€€), Traunsteiner Straße 7, Tel. 66460900, www.altepostsiegsdorf.de

Hotel-Gasthof Edelweiß (€€), Hauptstraße 21, Tel. 9296, www.gasthof-edelweiss.de

Gasthof Hotel Rotisserie Forelle (€€), Traunsteiner Straße 1, Tel. 66050, www.forelle-siegsdorf.de

Landhaus am Scharam (€€€), Dr.-Liegl-Straße 33, Tel. 668760, www.scharam.com

Gasthof Neue Post (€€), Kardinal-von-Faulhaber-Platz 2, Tel. 9278, www.neue-post-siegsdorf.de

Pension Ober (€€), Höpfling 38, Tel. 9215, www.pension-ober.de

TEISENDORF PLZ: 83317, Tel. (0)8666

Haus Chiemgau (€€), Dechantshof 3, Tel. 98590, www.haus-chiemgau.de

Ferienwohnung Maierbauer (€-€€), Roßdorf 21, Tel. 7314, www.maierbauer-rossdorf.de

Gasthof Zur Post (€€), Dorfstr. 20, Tel. 564

Hotel Gut Edermann (€), Öd 1, Tel. 7141, www.ederhof.tourismus-bayern.com

Gasthof Reiter (€-€€), Teisendorfer Str. 80, Tel. 327, www.reiter-achtal.de

Privatpension Neuhauserhof Lang (€), Freilassinger Str. 5, Tel. 929423, www.neuhauserhof.de

Frühstückspension Schmölz (€), Mühlweg 8, Tel. 1317

Gasthof Ufering (€), Ufering 14, Tel. 220

Hotel Gut Edermann e.K. (€€), Holzhausen 2, Tel. 92730, www.hotel-gut-edermann.de

TRAUCHGAU/HALBLECH PLZ: 87642, Tel. (0)8368

Gasthof Hirsch (€€), Kirchplatz 2, Tel. 274, www.gasthofhirsch-online.de

Sonnenbichl (€€), Sonnenbichl 1, Tel. 91330, www.sonnenbichl-trachgau.de

Gasthaus Post (€€), Steingadener Str. 1, Tel. 505, www.landgasthof-post-trauchgau.de

TRAUNSTEIN PLZ: 83278, Tel. (0)861

Parkhotel Traunsteiner Hof (€€), Bahnhofstr. 11, Tel. 988820, www.parkhotel-traunstein.de

Hotel Sailer Keller (€€), Herzog-Wilhelm-Str. 1, Tel. 1666770, www.sailerkeller.de

Alpengasthof Hochberg (€€), Hochberg 6, Tel. 4202, www.alpengasthof-hochberg.de

Pension Holneich (€), Holneich 2, Tel. 69254, www.pension-holneich.de

Hotel Rosenheimer Hof (€€), Rosenheimer Str. 58, Tel. 986590, www.rosenheimer-hof.de

Ferienwohnung Ederhof (€), Abstreit 1, Tel. 7382, www.beim-eder.de

Holzleitnerhof (€-€€), Holzleiten 1, Tel. 6891, www.holzleitnerhof.de

Frühstückspension Rosenegger (€€), Buchwaldstr. 17, Tel. 15342, www.pension-rosenegger.de

Pension Traunstein (€€), Eichenweg 7, Tel. 12662, www.apartment-business.de

Register

Kartenempfehlung

Etappen Nr.	KOMPASS-Fahrradkarten Nr.
01	3113 Bodensee und Umgebung 3123 Oberschwaben, Unterallgäu
02, 03	3123 Oberschwaben, Unterallgäu 3124 Ostallgäu, Pfaffenwinkel
04	3124 Ostallgäu, Pfaffenwinkel 3125 Bad Tölz, Isarwinkel, Karwendelgebirge
05, 06	3125 Bad Tölz, Isarwinkel, Karwendelgebirge 3121 Chiemsee, Chiemgauer Alpen
07	3121 Chiemsee, Chiemgauer Alpen 3122 Salzburg und Umgebung, Berchtesgadener Land
08	3122 Salzburg und Umgebung, Berchtesgadener Land

Alle Fahrradkarten im Maßstab 1:70 000

IMPRESSUM

Verlagsnummer 6426
ISBN 978-3-85026-765-6

Text und Fotos (soweit nicht anders angegeben): Walter Theil

Titelbilder:
Bild links: Föhnstimmung in Lindau am Bodensee
(Foto © mauritius images, BY)
Bild Mitte: Bei Traunstein
Bild rechts: Wallfahrtskirche St. Barholomä am Königssee
(Foto: Andreas Edelmann, © www.fotolia.de)

Bildnachweis: Thomas Reitzel (S. 26), Helmut Schweiger (S. 27), Sven Olev Mueller (S. 31), Cosima Metner (S. 128), Andreas Edelmann, © www.fotolia.de (S. 163), © mauritius images, BY (S. 165)

Grafische Herstellung: wt-BuchTeam, Garching a.d.Alz
Wanderkartenausschnitte: © KOMPASS-Karten GmbH, Innsbruck
Gestaltung und Konzeption: fpm, Factor Product GmbH, München

Haftungsausschluss

Alle Angaben und Routenbeschreibungen wurden nach bestem Wissen gemäß unserer derzeitigen Informationslage gemacht. Die Radtouren wurden sehr sorgfältig ausgewählt und beschrieben, Schwierigkeiten werden im Text kurz angegeben. Es können jedoch Änderungen an Wegen und im aktuellen Naturzustand eintreten. Radfahrer und alle Kartenbenützer müssen darauf achten, dass aufgrund ständiger Veränderungen die Wegzustände bezüglich Befahrbarkeit sich nicht mit den Angaben in der Karte decken müssen. Bei der großen Fülle des bearbeiteten Materials sind daher vereinzelte Fehler und Unstimmigkeiten nicht vermeidbar. Die Verwendung dieses Führers erfolgt ausschließlich auf eigenes Risiko und auf eigene Gefahr, somit eigenverantwortlich. Eine Haftung für etwaige Unfälle oder Schäden jeder Art wird daher nicht übernommen.

Für Berichtigungen und Verbesserungsvorschläge ist die Redaktion stets dankbar. Korrekturhinweise bitte an folgende Anschrift:

Walter Theil, Nikolausstraße 8, D-84518 Garching a.d.Alz
Tel.: 0049/(0)8634/689803, Fax: 0049/(0)8634/689804
info@wt-buchteam.de, www.wt-buchteam.de

KOMPASS-Karten GmbH, Karl-Kapferer-Straße 5, A-6020 Innsbruck
Tel.: 0043/(0)512/2655610, Fax: 0043/(0)512/2655618
kompass@kompass.at, www.kompass.at

Wallfahrtskirche St. Barholomä am Königssee.

© Fotolia

KOMPASS
München Süd 6433
Reißfest
Wetterfest
Fahrradführer
München Süd
Autofrei zu den Bayerischen Seen
Jede Tour mit S-Bahn erreichbar
von Ralf Enke
1:50 000 1 cm = 500 m
Autofrei ins Grüne
+ Optimale Kartografie
+ Höhen-/Tourenprofile
+ Stadtpläne
+ Ausgewählte Tipps entlang der Strecken
Beschriftbar und abwischbar
Weltweit grösste Reisemesse
1. Platz ITB Buchaward
www.kompass.de

Föhnstimmung in Lindau am Bodensee.

© Fotolia

KOMPASS
Reißfest
Wetterfest
Fahrradkarte
3123
Oberschwaben
Unterallgäu
+ Leicht lesbar & detailgenau
+ Tipps für Freizeit & Familie
+ GPS-genau
1:70 000 1 cm ≙ 700 m
Voltaren

KOMPASS
Fahrradkarte
3124
Ostallgäu
Pfaffenwinkel
Reiß- und wetterfest
+ Leicht lesbar & detailgenau
+ Touren vor Ort recherchiert
+ Tipps für Freizeit & Familie
+ GPS-genau
1:70 000 1 cm ≙ 700 m
www.kompass.at

Bei Traunstein.

© Fotolia